JN414495

달섬 세계고전

4

라사리요 데 토르메스의 삶,
그의 행운과 불운

작자 미상

La vida de Lazarillo de Tormes y de sus fortunas y adversidades

라사리요 데 토르메스의 삶, 그의 행운과 불운

최낙원 옮김

달섬

목차

라사리요 데 토르메스의 삶, 그의 행운과 불운

서문 ······ 7

제1장 라사로가 밝히는 자신의 태생과 삶 ······ 11

제2장 라사로가 한 신부를 만나고서 벌어진 여러 가지 사건들 ······ 43

제3장 라사로가 한 하급 귀족을 만나 그와 더불어 일어난 사건들 ······ 67

제4장 라사로가 어느 메르세드 수도원의 수도사를 만나 그와 더불어 일어난 사건들 ······ 104

제5장 라사로가 어느 면죄부 포교사를 만나게 된 경위와 그와 더불어 일어난 사건들 ······ 106

제6장 라사로가 어느 전속사제를 만나게 된 경위와 그와 더불어 일어난 사건들 ······ 125

제7장 라사로가 포졸을 만나게 된 경위와 그와 더불어 일어난 사건들 ······ 127

- **작품 해설** ······ 135
- **옮긴이의 말** ······ 147

일러두기

1. 이 번역서의 기준 판본은 알베르토 블레쿠아(Alberto Blecua)의 비평본(edición crítica) *La vida de Lazarillo de Tormes y de sus fortunas y adversidades* (Madrid, Castalia, 1987)이다.
2. 외래어 표기는 현행 한글어문규정의 외래어 표기법을 따랐다.
3. 이 책의 주석은 블레쿠아 교수의 해설과 주석을 참조하여 모두 옮긴이가 붙였다.

서문

어쩌면 사람들이 한 번도 듣거나 보지 못한 특이한 일들은 망각 속에 파묻히지 않고 많은 사람들에게 알려지게 되리란 것이 제 생각입니다. 왜냐하면 누군가는 그런 일들에 대해 쓴 글을 읽고 재미를 느낄지도 모르며, 또 여간해서는 재미를 느낄 줄 모르는 사람들도 그 이야기에 즐거움을 갖게 될지도 모르기 때문입니다. 그래서 플리니오[1]는 아무리 나쁜 책일지라도 좋은 점 한 가지는 지니고 있는 법이라고 말합니다. 사람들의 기호란 다양해서, 어떤 사람은 입에 대기조차 싫어하는 음식을 다른 사람은 먹고 싶어 미치기도 합니다.[2] 마찬가지로 어떤 사람에게는 중요한 일이 다른 사람에게는 중요하지 않을 수도 있습니다. 특히 모든

1 플리니오: 고대 로마의 문학자 플리니우스를 말한다. 형 플리니우스(Gaius Plinius Secundus)가 아니라 동생 플리니우스(Gaius Plinius Caecilius Secundus)이다. 인용문은 그의 서간집에 나온다.

2 이 말은 호라티우스의 서간문에 나온다.

사람에게 그 이야기를 먼저 알려 주지 않은 채 그 이야기를 망가뜨리거나 함부로 다루어서도 안 됩니다. 다만 그것이 지나치게 혐오감을 주는 이야기가 아니라면 말입니다. 우리는 편견 없이 그 이야기를 모든 사람에게 알려, 그것이 혹 가지고 있을지도 모를 귀한 점을 우리의 것으로 만들어야겠습니다. 만일 그렇게 하지 않는다면, 어느 누구도 글을 쓰지 않을 것입니다. 땀을 흘리지 않고 이루어지는 그 어떤 일도 없을진대 어느 한 사람만을 위해서 그 누가 글을 쓰겠습니까. 글을 쓰는 수고를 하는 사람은 당연히 보상받기를 원합니다. 그것은 돈을 의미하는 것은 아닙니다. 자기 글을 보고 읽는 사람들이 혹시나 그 글을 칭찬해 주지나 않을까 내심 바라는 것이 글 쓰는 사람의 마음이지요. 이 점에 대해 툴리오[3]는 다음과 같이 말하고 있습니다.

"명예심이 예술을 키우느니라."

사다리 맨 꼭대기에서 성을 공격하는 병사가 살기를 끔찍이 싫어하는 사람이라고 말할 수 있을까요? 절대로 그렇지 않습니다. 이 병사도 칭찬받을 욕심으로 위험을 무릅쓰는 것입니다. 예술 활동이나 글 쓰는 일도 마찬가지입니다. 인간의 영혼에 유

3 로마의 문장가인 키케로(Marcus Tullius Cicero)를 말한다.

익을 끼치고자 하는 일념에서 열심히 설교하는 신학자가 있다고 합시다. 그렇다고 해서 그 사람이 "정말 멋진 설교를 하셨습니다!"라는 말을 들을 때, 기분 나빠 할지는 그 사람에게 물어보십시오. 후스타 경기[4]에서 솜씨가 시원치 않았던 기사에게 어느 광대가 "당신의 창 솜씨는 정말 멋있었습니다."라고 칭찬해 준다면, 그는 이 광대에게 갑옷에 걸쳤던 겉옷을 던져 줄 것이 분명합니다. 그런데 그의 창 솜씨가 진정 칭찬받을 만한 것이었다면, 그 기사는 광대에게 어떻게 해 주었을까요?

매사가 다 이렇습니다. 솔직히 말해서 저는 제 이웃의 평범한 사람들과 별반 다르지 않은 사람입니다. 비록 상스런 어투로 쓴 엉터리 같은 저의 글이지만, 이 글을 읽는 사람들이 약간이라도 이 이야기에서 재미를 찾고 즐기신다면, 그리고 이처럼 '역경과 위험과 어려움 속에서 살아가는 사람도 있구나'라는 것을 알아주신다면 더 이상 바랄 것이 없겠습니다. 만일 저의 능력이 의욕만큼이나 출중했더라면 더 멋있는 글을 썼을 이 사람의 부족한 작품을 어르신께서 너그러운 마음으로 받아 주십시오. 어르신께서 그 사건[5]을 상세히 이야기하라고 서신을 주셨기 때문에

4 후스타 경기: 중세부터 근세 초까지 주로 기사들에 의해 이루어진 무술 경기로, 말을 타고 가면서 창을 사용하여 적을 제압시키는 묘기가 주를 이룬다.

5 여기서 말하는 사건이란 7장에서 언급하고 있는 라사로의 아내와 수석사제와의 석연치 못한 관계에서 비롯된 소문을 말한다.

중간부터 말씀드리지 않고 처음부터 시작하겠습니다. 이렇게 해야 저에 대해 더 자세히 아실 것 같아서입니다. 나아가서 복 많은 운명을 타고나 귀하게 태어나신 분들께서 자신의 힘으로 이룩한 것은 하나도 없고 단지 운명의 여신이 잘 봐 주었을 따름이란 것과, 반면에 가혹한 운명에도 불구하고 자신의 힘과 기민함으로 역경을 헤치면서 인생을 편안한 항구로 끌고 온 이들도 얼마든지 훌륭한 일을 이룩해 낼 수 있다는 것을 사람들이 알아주었으면 하는 마음으로 이 글을 씁니다.

제1장

라사로[1]가 밝히는 자신의 태생과 삶

어르신께서는 무엇보다도 제가 누구인가를 먼저 아셔야 될 것 같습니다. 저는 라사리요 데 토르메스라 불리며, 살라망카[2]의 한 마을인 테하레스 출신의 아버지 토메 곤살레스와 어머니 안토나 페레스 사이에서 태어났습니다. 제가 태어난 곳이 토르메스 강 근처였기 때문에 저에게 토르메스란 성을 붙여 준 것이죠. 이러한 이름이 붙게 된 경위를 말씀드리자면, 저의 아버지는—하느님이시여, 그의 영혼을 용서해 주시옵소서—토르메스 강변에 있는 한 물레방앗간을 맡아 15년 이상 일을 해 오고 있었습니다. 당시 저를 배고 있었던 어머니가 어느 날 밤 그 물레방앗간에 있었는데, 그만 통증이 와 그곳에서 저를 낳아 버린 것입니다. 그

1 라사로(Lázaro)는 히브리어로 '하느님께서 도와주셨다'라는 뜻을 가진 단어인 'El azar'의 그리스어 표기 형태.

2 살라망카: 스페인의 중부 지방에 있는 도시. 마드리드에서 북서쪽으로 약 200km 떨어져 있는 이 도시는 스페인 최초로 설립된 명문 살라망카 대학으로 유명한 곳이다.

래서 사실상 저는 강에서 태어났다고 해도 과언이 아니지요.

제가 여덟 살 되던 해 어느 날이었습니다. 저의 아버지는 곡물을 빻기 위해 방앗간에 온 사람들의 자루에서 곡물을 빼돌린 혐의로 체포되었습니다. 아버지는 부인하지 않고 순순히 자백을 했고 법에 따라 처벌을 받았습니다.[3] 바라건대 그는 분명 하늘나라의 영광중에 있게 될 것입니다. 왜냐하면 성경이 그러한 자들에게 복 있다고 했기 때문입니다.[4] 당시에 무어인들에 대한 토벌대가 편성되었는데 앞서 말한 그 불행한 일로 추방된 저의 아버지는 토벌대 어느 기사의 말구종으로 참가하였습니다. 아버지는 그 일에 매우 충실하셨고, 그 결과 당신이 모시고 있던 주인과 함께 그만 생을 마감하게 되었습니다.

남편을 잃고 과부가 된 저의 어머니는 의지할 곳이 없어지자 마음씨 좋은 사람들에게 의지하는 사람들 중 하나가 되었습니다.[5] 그녀는 도시로 이주해서 조그마한 집을 한 채 얻어 학생들 밥도 해 주고 막달레나 승병단 분소分所[6] 사령관 말구종들 빨래도 해 주면서 연명해 나갔습니다. 이러한 이유로 그녀는 기병대

---

3 이 구절은 요한복음 1장 20절에 나오는 "요한이 드러내어 말하고 숨기지 아니하니"를 달리 쓴 것이다.

4 역시 마태복음 5장 10절의 "의를 위하여 핍박을 받은 자는 복이 있나니 천국이 저희 것임이라"를 희화시켜 쓴 것이다.

5 당시의 스페인 속담 "마음씨 좋은 사람들에게 의지하면 편하게 사느니라(A los buenos te acuestas, vivirás muy más seguro.)"

6 알칸타라 승병단에 속한 막달레나 분소(分所)를 말한다.

에 자주 드나들게 되었지요. 그러던 중 어머니는 말을 돌보는 사람들 중에서 얼굴이 가무잡잡한 한 남자와 눈이 맞게 되었습니다. 그 사람은 가끔 우리 집에 들러 다음 날 아침에나 나가곤 했습니다. 그리고 어떤 날은 계란을 사러 왔다는 핑계를 대고 대낮에도 집에 들어오곤 했습니다. 저는 그가 우리 집에 오던 초기에는 그를 만나는 것이 몹시 싫고 겁이 났습니다. 그의 거무스름한 얼굴빛도, 못생긴 그의 얼굴도 싫고 무서웠습니다. 그러나 저는 차츰차츰 그가 좋아졌습니다. 그가 오는 날만 되면 먹는 것이 눈에 띄게 좋아졌기 때문입니다. 그는 빈손으로 오는 법이 없었습니다. 빵이나 고깃덩어리를 가져다주기도 하고, 겨울에 우리를 따뜻하게 해 줄 땔감을 가져오기도 했습니다.

이렇게 해서 우리 집에 머무는 횟수가 잦아지고 어머니와의 교제가 깊어지자 어머니는 저에게 얼굴이 거무스름한 예쁜 동생을 낳아 주었습니다. 저는 그 애를 귀여워했습니다. 위아래로 까불기도 하고 그 애의 몸을 따뜻하게 보살펴 주기도 했습니다. 지금도 기억이 나는 일은 얼굴이 검은 저의 의붓아버지가 그 애를 데리고 함께 놀려고 하면, 얼굴이 흰 저와 어머니를 항상 보아 온 그 애는 겁에 질린 얼굴로 자기 아버지를 피해 달아나 어머니에게로 와서, 손가락으로 자기 아버지를 가리키며 이렇게 소리치는 것이었습니다. "엄마, 도깨비!" 그러면 의붓아버지는 웃으면서 이렇게 대답하곤 했습니다. "그래, 이 호래자식아." 그때 어린 동생이 말하는 소리를 들으면서 제가 비록 어린 나이였지만 이런 생각이 들었습니다. '자신의 얼굴은 제대로 보지 못하면서 다른 사람을 피하는 자들이 이 세상엔 도대체 얼마나 많을까!'

어느 날 불행히도, 사이데[7](저의 의붓아버지는 이렇게 불렸습니다)가 하는 말을 관리인[8]이 우연히 듣게 되었습니다. 그의 말을 수상쩍게 여긴 관리인은 그를 조사하게 되었고, 그 결과 짐승들에게 줄 보리의 반절을 저의 의붓아버지 사이데가 훔쳤다는 것을 알아냈습니다. 그뿐만이 아니었습니다. 밀기울, 장작, 말갈퀴, 안장 받침 그리고 말 담요와 덮개까지 사라져 버린 것을 발견했습니다. 의붓아버지는 가진 것이라고는 말과 관계된 것밖에 없었기 때문에 불쌍한 말이 써야 할 물품들을 모두 나의 어린 동생을 키우고 있는 어머니에게로 쓱싹 빼돌려 온 것입니다. 그런 식으로 제 동생에 대한 아버지의 사랑을 표현한 것이죠. 불쌍한 노예[9]의 사랑이 이럴진대 가난한 사람들의 물건이나 수도원의 물건을 훔쳐 여신도들에게 가져다주는 신부님들이나 수도사님들에 대해 하등의 놀랄 이유가 없을 것 같습니다.[10]

---

7 사이데: 아랍어로 '주인'을 뜻한다.

8 관리인(mayordomo)은 마구간을 관장하는 책임자를 말한다.

9 사이데의 신분은 노예였다.

10 이 작품의 특징 중 하나인 '반승려주의(anticlericalismo)'를 보여 주는 첫 번째 구절이다.

제가 위에서 말한 것이 모두가 사실임이 밝혀졌습니다. 아니, 그 이상이었습니다. 사람들은 저에게도 입을 열라고 위협을 했고 아직 어린 저는 겁에 질려 알고 있는 모든 것을 자백했습니다. 심지어 저는 어머니의 지시로 대장장이에게 판 편자 건까지 다 털어놓았습니다.

불쌍한 의붓아버지는 몹시 맞았습니다. 그리고 불에 구운 돼지비계에서 나오는 기름방울을 상처 위에 떨어뜨리는 형벌을 받았습니다. 어머니는 죗값으로, 저 불명예스러운 채찍 100대 외에 사령관의 집에 절대 출입하지 말 것과 불쌍한 사이데를 다시는 집 안으로 들이지 말 것을 명령받았습니다. 기름 솥 다음으로 따라오는 밧줄을 피하기 위해[11] 어머니는 당연 있는 힘을 다해 그 명령을 지켰습니다. 그러고는 혹 닥쳐올지도 모를 위험을 피해, 그리고 이웃의 이러쿵저러쿵하는 소리가 듣기 싫어 라 솔라나 식당[12]으로 거처를 옮겨 숙박객들의 시중을 들었습니다. 그곳에서 어머니는 모진 고생을 다하며 동생과 저를 키웠습니다. 어느덧 동생은 아장거리면서 걷게 되었고, 저는 의젓한 소년이 되어 손님들에게 포도주를 날라다 준다거나 촛불을 가져다주는

11 이 표현은 '기름방울 형벌 다음에 혹시 뒤따라올지 모르는 교수형을 피하기 위해'라는 의미로 생각할 수 있다.

12 여기서 말하는 식당(mesón)은 간단한 숙박 시설이 준비되어 있는 식당 겸 여관을 뜻한다.

등 여러 가지 잔심부름을 했습니다.

이즈음에 맹인 하나가 식당에 머무르게 되었는데, 그는 제가 길잡이로 적당하다고 생각했는지 어머니에게 저를 달라고 청했습니다. 그러자 어머니는 저를 그에게 맡기기로[13] 작정하고, 저에 대한 믿음을 주기 위해 제가 로스 헬베스 전투[14]에서 용감하게 싸우다 죽은 훌륭한 사람의 아들이라는 것과 자기 아들이 아버지 못지않게 훌륭한 사람이 될 것을 믿어 의심치 않는다고 말하며, 아버지가 없는 까닭에 특별히 잘 대해 줄 것을 부탁했습니다. 그는 물론 그렇게 하겠노라고 말하면서 당장 저를 몸종이 아니라 아들로 맞이하겠다고 굳게 약속했습니다. 이렇게 해서 저는 늙은 새 주인을 따라나서게 되었습니다. 그의 길잡이로서 새로운 인생을 시작하게 된 것이죠.

우리가 살라망카에 있던 며칠 동안 저의 주인은 벌이가 신통치 않다고 느꼈는지 그곳을 뜨자고 했습니다. 떠나기에 앞서 저는 어머니께 인사를 드리러 갔습니다. 어머니와 저는 한참 동안이나 함께 울었습니다. 어머니는 울면서 저를 축복해 준 뒤 다음과 같이 말했습니다.

---

13 여기서 '맡긴다'라는 뜻의 스페인어 동사 'encomendar'에는 '교육적 의도(propósito educativo)'가 포함되어 있다. 당시 스페인에는 맹인이나 신부, 수도사들에게 어린 아이를 맡겨 교육시키는 대중 전통이 있었다.

14 로스 헬베스(Los Gelves) 전투: 1510년 스페인 군대와 무어인들 사이에 벌어진 전투로 이 전투에서 스페인 군대는 참담하게 패배했다.

"얘야, 이제 너를 보지 못하겠구나. 부디 훌륭한 사람이 되어야 한다. 하느님께서 너를 지켜 주실 것이다. 너를 키울 만큼 키웠고, 이제 좋은 사람에게 부탁했으니 이 어미를 생각해서라도 열심히 살아야 한다. 알겠니?"

작별 인사를 한 후, 저는 기다리고 있는 주인에게로 돌아갔습니다.

우리는 살라망카를 떠났습니다. 살라망카를 나오면서 입구에 있는 다리[15]에 도착하자 저의 장님 주인은 저더러 그 다리에 있는 황소 비슷한 모양의 석상石像에 가까이 가 보라고 말했습니다. 제가 가까이 다가가자 주인은 저에게 이렇게 말했습니다.

"라사로야, 이 소에 귀를 가까이 대 봐라. 아마 그곳에서 무슨 큰 소리가 들릴 게다."

저는 순진하게도 그 말을 곧이곧대로 믿고서 시키는 대로 했습니다. 그런데 제가 돌 가까이 머리를 대는 순간 망할 놈의 주인은 그 우악스런 손으로 제 머리를 움켜쥐고선 있는 힘을 다해 그놈의 소 대가리에다 그만 쾅 하고 찧는 것이었습니다. 아, 그 아픔이란! 저는 사흘 이상을 그 고통으로 시달려야 했습니다. 그렇게 한 후 주인은 이렇게 말하는 것이었습니다.

"야, 이 바보 같은 놈아. 잘 배워라. 장님을 똑바로 인도하려면

15 이 다리는 로마식 다리로서 살라망카의 명물 중 하나다.

귀신보다도 한 수 위에 있어야 하는 법이야. 알아듣겠어? 이 병신 같은 놈아."

그러고 나서 그는 한참을 깔깔거리며 웃어 댔습니다.

저는 그 순간 정신이 번쩍 들었습니다.[16] 지금까지 제 안에 잠자고 있던 어린애 같은 순진함에서 이제 막 깨어난 것입니다. 저는 속으로 중얼거렸습니다. '그래, 이놈 말이 맞아. 이놈이 하는 말은 눈을 크게 부릅뜨고 제 갈 길은 제가 찾아가라는 말이야. 그래 나는 혼자야. 나 이외에 그 누구도 나를 도울 수는 없어.'

우리는 길을 계속 걸어갔습니다. 저는 불과 며칠 만에 주인에게 장님들이 쓰는 언어[17]를 모조리 배웠습니다. 그는 제가 이 방면에 소질이 있다는 것을 알자 매우 즐거워하면서 이렇게 말했습니다.

"내 비록 금과 은은 네게 줄 수 없지만[18] 세상을 살아가는 데 필요한 지혜는 가르쳐 주마."

그러고는 저에게 여러 가지를 가르쳐 주었습니다. 사실, 하느님 다음으로 저에게 세상이 어떻다는 것을 가르쳐 준 사람은 바

16 라사로가 자기 자신을 자각하는 순간이다. 이후 그는 이 험한 세상을 헤쳐 나가는 유일한 수단은 자기 자신을 믿는 것밖에 없다고 깨닫는다.

17 장님들 사이에 쓰이는 일종의 은어를 말한다.

18 신약성서 사동행전 3장 6절의 "베드로가 가로되 은과 금은 내게 없거니와 내게 있는 것으로 네게 주나니 곧 나사렛 예수 그리스도의 이름으로 걸으라"를 인용한 구절이다.

로 이 사람이었습니다. 그는 앞 못 보는 장님이지만 세상 살아가는 지혜를 가장 효과적으로 가르쳐 주고 저의 갈 길을 비추어 준 사람입니다.

어르신께 이러한 어린애 같은 짓거리들을 말씀드리는 이유는 신분이 낮은 사람이 높은 지위로 올라가는 방법을 안다는 것이 얼마나 멋있는 일이며, 반대로 신분이 높은 사람이 낮은 위치로 내려가도록 내버려 두는 것이 얼마나 바보 같은 일인가를 보여 주기 위해서입니다.[19]

다시 저의 장님 주인 이야기로 돌아가겠습니다. 하느님께서 세상을 창조하신 이래 이 사람처럼 교활하고 능구렁이 같은 사람은 세상에 다시없을 것입니다. 이 작자는 자기 직업을 행하는 데 가히 타의 추종을 불허할 정도입니다. 그는 수백 가지 기도문을 줄줄 외우는가 하면, 목소리 또한 천부적입니다. 그가 나직하고 편안하며, 청아한 목소리로 기도문을 외우고 있노라면 이 기도 소리가 온 교회에 다 울려 퍼집니다. 얼굴빛을 한번 보십시오! 그처럼 경건하고 겸손한 모습 역시 이 세상에 다시없을 겁니다. 그가 기도하고 있는 모습을 볼작시면, 그 어떤 사람도 흉내 낼 수 없는 거룩한 안색을 띠는데, 그가 눈과 입으로 지어내는 몸짓과 태도는 여느 사람과는 차원을 달리합니다. 게다가 이 작

19 도덕적인 면을 개의치 않고 출세만을 강조하는 '출세지상주의'를 드러내는 구절이다.

자는 자기 고객에게 돈을 긁어내는 데는 가히 천재랍니다. 그는 돈을 한 푼이라도 더 긁어낼 수 있는 수천 가지 방법을 알고 있는 작자입니다. 기도문 또한 다양합니다. 애를 낳지 못하는 여자들에게 하는 기도문, 해산 직전의 여자들을 위한 기도문, 남편에게 소박맞고 어떻게 하면 남편으로부터 사랑받을 수 있을까 전전긍긍하는 여인들을 위한 기도문 등등. 그는 종종 임신한 여자들에게 아들을 낳을 것인가, 딸을 낳을 것인가를 진단해 주곤 합니다. 약에 관해서라면 저 유명한 갈레노[20]도 이 작자를 반밖에 따라가지 못할 겁니다. 치통, 기색氣塞, 부인병 등 모르는 것이 없습니다. 어느 누가 와서 이러저러한 고통을 호소하면, 즉시 이렇게 하라, 저렇게 하라, 이 약초를 달여서 먹으라, 저 뿌리를 삶아 먹어라 등의 처방이 그 입에서 술술 다 나옵니다. 이러한 연유로 모든 사람들이 그를 줄줄 따라다닙니다. 물론 대부분의 고객은 여자들이지요. 그런 여자들은 이 작자가 하는 말을 곧이곧대로 믿습니다. 그는 이 여자들로부터 많은 돈을 긁어모았습니다. 그의 돈 모으는 기술이 어느 정도인가 하면, 백 명의 맹인들이 1년에 걸쳐 모을 돈보다 더 많은 돈을 불과 한 달 만에 거

---

20 갈레노: 클라디우스 갈레누스(Claudius Galenus, 129~201). 고대 그리스 페르가몬 출신의 명의로, 로마 황제 루시우스 베루스와 마르쿠스 아우렐리우스의 어전의로 명성이 높았다. 그는 의사로서의 명성도 높았지만 명연설가, 그리고 고고학자로서도 이름이 잘 알려져 있다.

뜬히 벌어들일 정도랍니다.

그러나 어르신께서 반드시 아셔야 될 일은, 이 작자가 그렇게 돈을 많이 벌어도 얼마나 구두쇠인지 돈을 절대로 쓰질 않는다는 점입니다. 저는 이 작자처럼 인색한 사람을 일찍이 본 적이 없습니다. 제가 배가 고파 허덕거릴 때도 제가 먹어야 할 양의 채 반도 주는 법이 없습니다. 정말이지 제가 드리는 말씀은 사실입니다. 만일 제가 생존을 위해 기지를 발휘하지 않았다면, 저는 수도 없이 배고픔 때문에 기진맥진해서 죽었을 것입니다. 저는 그에게서 배운 모든 지혜와 기지를 총동원해서 그를 역습했습니다. 그래서 다행히 항상, 또는 많은 경우, 그 이상 더 좋은 것으로 배를 채울 수가 있었습니다. 비록 모든 방법이 성공한 것은 아니지만, 그렇게 하기 위해서 저는 갖가지 기막힌 방법을 동원해야 했습니다. 그중 몇 가지만 말씀드리겠습니다.

그는 모아들인 빵이나 그 밖의 것들을 모두 아마포로 된 자루에 담아서 자루 입구를 철 고리로 봉하고 자물쇠로 채워 놓습니다. 그가 물건을 넣을 때나 꺼낼 때를 보면, 너무나도 그 동작이 기민·정확·신속해서 이 세상에 있는 어느 누구도 그에게서 빵 쪼가리 하나 얻어먹을 수 없을 정도랍니다. 저는 그가 건네주는 음식을 받아먹곤 했는데, 그 양이 얼마나 형편없는 것이었는지 입속에서 두 번 씹을 새도 없이 사라져 버리는 것이었습니다.

저의 장님 주인은 일단 자루 아귀를 봉한 다음, 제가 다른 일을 하고 있으려니 생각하고 그 자루에는 별로 신경을 쓰지 않습니다. 저는 그 틈을 이용해 자루의 한쪽 귀퉁이를 뜯어 물건을 빼낸 다음 다시 꿰매는 식으로 여러 번 그 안에 있는 것들을 꺼내었습니다. 이렇게 해서 빵 조각뿐 아니라 큼직한 빵 덩어리도 꺼낼 수가 있었고, 기름에 튀긴 돼지고기나 작은 순대[21]도 빼낼 수가 있었습니다. 저는 항상 어떻게 하면 저를 허기지게 만드는 저 망할 놈의 장님에게 손해를 끼치게 할까 하는 생각으로, 이 은밀한 놀이를 반복할 적당한 기회 찾기에 골몰했습니다.

저는 제가 훔친 걸 몽땅 반 블랑카[22]짜리 동전으로 바꾸어 가지고 다녔습니다. 사람들은 그에게 기도를 시키면 동전을 던져주곤 했는데, 그는 앞을 보지 못하는 장님인지라 그 동전이 반 블랑카짜리인지 1블랑카짜리인지 구분을 못했습니다. 그래서 저는 사람들이 그에게 동전을 내주면 그 돈에 입을 맞추는 척하고 재빨리 그 돈을 삼키면서 이미 제 입속에 있던 반 블랑카짜리 동전과 바꿔치기를 했습니다. 동전을 채 가는 그의 손놀림이 아주 잽싸기 때문에 저는 이 짓을 아주 신속히 처리해야만 했습니다. 그렇지만 가끔 그는 손을 더듬어 받은 동전이 온전한 1블랑

21 순대(longaniza): 돼지의 내장에 잘게 다진 돼지고기를 넣어 건조시킨 것으로 스페인 사람들이 즐겨 먹는 식품 가운데 하나다.

22 블랑카(Blanca): 당시 스페인에 통용되던 화폐의 최저 단위로, 2블랑카는 1마라베디에 해당된다.

카 동전인지 만져 보고는 기대에 어긋나면 이렇게 불평을 하곤 했습니다.

"도대체 이게 어떻게 된 일이냐? 너와 함께 일을 한 후부터는 반 블랑카짜리 동전만 받으니 이거 알다가도 모를 일이구나. 전에는 지겨울 정도로 1블랑카짜리와 1마라베디짜리 동전을 받았는데 말이다. 분명 네놈이 농간을 부리고 있는 게 틀림없으렷다."

그는 기도를 부탁한 사람이 가고 나면, 기도를 줄여 버리거나 아예 반절만 하고 끝내 버립니다. 물론 기도를 부탁한 사람이 갈 때면 저에게 자기 겉옷 끝을 잡아당기라고 미리 말해 둡니다. 그러면 저는 그가 시키는 대로 합니다. 제가 그렇게 하고 나면, 그는 하던 기도를 중단하고 늘 그러듯 다시 목소리를 높여 "기도 부탁할 분 안 계십니까? 기도 부탁할 분 안 계십니까?" 하고 힘껏 외쳐 댑니다.

식사할 때면 주인은 조그만 포도주 항아리를 곁에 놔두곤 했는데 그러면 저는 재빨리 그 병을 잡아 소리 없이 몇 모금 마시고는 다시 제자리에 놓곤 했습니다. 그러나 이런 일은 그리 오래 가지 못했습니다. 술이 줄어든 사실을 주인이 금세 알아차렸기 때문이죠. 그 후부터 주인은 포도주 항아리를 곁에 홀로 놔두는 법이 없이 손으로 항아리 손잡이를 꼭 틀어쥐는 것이었습니다. 고심하던 끝에 저는 드디어 묘안을 하나 생각해 내었습니다. 즉시 저는 긴 보릿대를 하나 구해 대롱을 만들고, 그 대롱을 항아리 주둥이에 넣고 살살 빨았습니다. 결국 저는 주인의 그런 노력을 헛수고로 만들어 버린 것이지요. 그러나 장님 역시 천하가 다 아는 교활한 놈인지라 저의 수법을 곧 알아챘는지 아무 말 없이 포도주 항아리를 양다리 사이에다 끼우더니 손으로 감싸 안았습니다. 그러고는 보다 안전하게 마시는 것이었습니다.

이미 포도주에 맛을 들인 저는 포도주를 마시지 않고는 못 배길 지경에 이르렀습니다. 마침내 저는 예의 대롱으로 빨아들이는 방법이 제게 전혀 도움이 되지 않는다는 것을 알고는 항아리 밑바닥에 아주 조그만 구멍을 하나 뚫기로 마음먹었습니다. 구멍을 뚫은 다음 얇은 밀랍초로 감쪽같이 그 구멍을 메워 놓았습니다. 식사 시간이 되자 저는 추위에 벌벌 떠는 척하며 가지고 다니는 보잘것없는 난로를 쬔다는 핑계를 대고, 아무것도 모르는 저 불쌍한 맹인의 가랑이 사이로 들어갔습니다. 얇은 밀랍초는 난로의 온기에 금세 녹고(너무 조그맣기 때문에), 그러면 포도주가 방울방울 구멍을 통해 떨어져 항아리 밑바닥에 대고 있던 제 입 안으로 들어왔습니다. 이렇게 해서 항아리 속의 포도주는 점점 저의 입속으로 사라져 갔고, 저의 가련한 장님이 마시려고 할 땐 이미 아무것도 남아 있지 않게 되었지요. 포도주가 없어진 사실을 알아챈 장님은 펄쩍펄쩍 뛰며 빈 항아리와 이미 사라져 버린 포도주를 향해 온갖 저주를 퍼부었습니다. 그리고 어찌할 바를 모르는 것이었습니다.

"아저씨,[23] 제가 마셨다고는 하지 마세요. 아저씨는 한 번도 항아리에서 손 뗀 적이 없잖아요."

그는 수없이 항아리를 이리저리 만져 보고 돌려도 보더니 마침내 증발의 원인을 찾아냈습니다. 저의 꾀에 넘어간 것을 알아차린 거죠. 그러나 전혀 모르는 듯 내색도 하지 않았습니다. 그러던 어느 날, 저는 그가 저에게 멋들어진 복수를 계획하고 있다는 사실을 전혀 생각지도 못한 채, 그러고는 저 망할 놈의 장님이 소리 없이 제 곁에 접근하고 있다는 걸 눈치도 채지 못하고, 여느 때처럼 항아리에서 새어 나오는 포도주를 즐기기 위해 항아리 앞에 앉았습니다. 그러고는 얼굴을 위로 쳐들고 저 맛 좋은 액체를 조금이라도 더 잘 음미하기 위해 눈을 살포시 감고 달콤한 포도주를 몇 모금 즐기고 있었습니다. 바로 그때였습니다. 호시탐탐 제게 복수할 기회만을 노리고 있던 장님은 이 기회를 놓칠 새라 두 손으로 약간 씁쓸하면서도 달짝지근한 액체를 담고 있는 포도주 항아리를 들어 올리더니 그만 저의 입을 향해 힘껏 내려뜨리는 것이었습니다. 이 흉계를 전혀 눈치채지 못한 채 무방비 상태로, 지금까지 그랬듯이 여유작작하게 술을 즐기고 있던 이 불쌍한 라사로는 그 자체의 무게에다 힘껏 내려치는[24]

23 원문의 'tío'는 주로 하층민들 사이에 사용되는 호칭으로, 나이 든 사람들을 부를 때 사용한다.

장님의 힘까지 가세되어 떨어지는 항아리에 마치 하늘이 무너지는 것 같은 충격을 맛보아야만 했습니다.

그 충격으로 저는 완전히 의식을 잃고 뻗어 버렸습니다. 그 파괴력 또한 엄청나서 수많은 파편이 저의 얼굴에 박혀, 얼굴을 엉망으로 만들어 버렸습니다. 그리고 제 이 또한 살아남지 못했습니다. 저는 그때의 사건으로 지금까지도 이 없이 지내고 있답니다.

그날 후로 저는 이 행위에 대한 대가를 분명히 지불해 주겠노라고 마음먹었습니다. 물론 주인이 저를 잘 대해 주며 사랑도 베풀고 선물도 주곤 했지만, 그가 얼마나 그 징벌을 고소하게 여기고 있었는가는 그의 얼굴에 너무나도 선명히 나타나 있었습니다. 장님은 항아리 파편이 남긴 상처를 포도주로 씻어 주면서,[25] 웃으며 이렇게 말했습니다.

"좀 어떠냐? 라사로야. 너를 아프게 한 그것이 너를 낫게도 하고 건강케도 하느니라."[26]

그리고 그 밖에 몇 마디 위로의 말을 했지만, 제 귀에는 그 말

---

24 장님의 잔인함을 엿볼 수 있는 대목이다. 여기서 장님의 행위는 라사로를 개선시키고자 하는 교육적 의도에서라기보다는, 그에게 더 많은 고통을 안겨 주려는 복수의 성격을 지닌다. 결국 1장 마지막 부분에서 그는 라사로가 행한 동일한 강도의 보복을 맛보게 된다.

25 포도주는 그리스도의 피를 상징하는 것으로 죄를 씻어 준다는 의미를 가지고 있다.

26 성경 신명기 32장 39절 "내가 죽이기도 하며, 살리기도 하며, 상하게도 하며, 낫게도 하나니"의 구절을 인용한 것이다.

이 들어오지 않았습니다. 얼굴 곳곳이 시퍼렇게 멍든 상태에서 반쯤 회복이 된 저는 저 잔인한 장님이 몇 번만 더 이러한 충격을 가하면 저놈 손에 죽을지도 모르겠구나 생각하고, 제가 먼저 저놈 곁을 떠나야겠다고 마음먹었습니다. 그러나 저는 조급하지는 않았습니다. 조금이라도 더 유리한 때를 기다려야겠다는 생각이 들었기 때문입니다. 사실 저도, 제 마음을 진정시키고 포도주 사건을 용서하고 싶은 생각이 없었던 것은 아닙니다. 그러나 그럴 여지가 없었습니다. 그 사건 후로 놈은 별다른 이유도 없이 발로 차고 머리카락을 쥐어뜯으며, 저를 괴롭히고 상처를 주곤 했으니 말입니다. 누군가가 "왜 이렇게 애를 못살게 구느냐."라고 물으면 그는 예의 그 포도주 사건을 떠올리면서 다음과 같이 말하는 것이었습니다.

"당신은 이놈이 순진하다고 보십니까? 천만에 말씀입니다요. 이 마귀 새끼 같은 놈은 얼마든지 그런 짓[27]을 또 저지를 놈이란 말이오!"

그의 말에 사람들은 놀란 표정을 짓고 성호를 그으면서 이렇게 말하곤 했습니다.

"이런 조그만 녀석이 그런 짓을 했다는 것이 도시 믿어지질 않는구먼!"

---

27 여기서 말하는 '그런 짓'은 마귀가 영혼을 속이는 일종의 주술 짓거리 같은 의미를 포함하고 있다.

그러고는 제가 부린 꾀가 우습다는 듯 껄껄 웃으며 주인에게 말하는 것이었습니다.

"그 녀석 혼 좀 내 주시오. 아주 따끔하게 해 줘요. 하느님의 이름으로 혼내 주는 것이오."

주인은 사람들의 말에 힘을 얻어서인지 저를 벌주는 일 외에는 다른 일을 생각하지도 않았습니다.

저는 나름대로 가만히 있지 않았습니다. 그를 괴롭히기 위해 일부러 가장 나쁜 곳으로만 그를 끌고 다녔습니다. 돌밭이 나타나면 일부러 그 위로만 다니고, 진흙탕 길이 나오면 가장 질퍽한 곳으로만 다녔습니다. 그동안 그를 인도하면서 꼭 좋은 길로만 다닌 것은 아니었지만, 그렇게 한 것은 그의 두 눈(눈이 있다고 보기도 힘들지만)을 깨부수기 위해 저의 한 눈을 깨는 어려움을 기꺼이 감수했던 거죠. 그는 항상 지팡이의 휘어진 부분으로 저의 목 뒷덜미를 잡아당겼기 때문에 목에는 멍이 가실 날이 없었고 너무 세게 잡아당겨 살가죽이 벗겨질 정도였습니다. 사실 제가 그렇게 한 것이 순전히 악의로만 한 것이 아니라 더 좋은 길을 발견하지 못했기 때문이라고 맹세하고 또 맹세를 했건만 그는 제 마음을 이해하지도, 저를 믿지도 않았습니다. 바로 이 정도가 이 못된 놈이 가지고 있는 아량과 배려의 한계였죠.

저는 이 교활한 맹인의 기지가 어느 정도인가를 어르신께 알려드리고 싶어 그와 저 사이에 일어났던 수많은 사건 중 하나를 말씀드리고자 합니다. 만일 어르신께서 이 이야기를 들으시면, 이 놈이 얼마나 교활한 인간인가를 단박에 알아차리실 것입니다.

우리가 살라망카를 떠나올 때, 그가 가고자 했던 곳은 톨레도[28]였습니다. 그곳 사람들이 반드시 인심이 후한 사람들은 아니었지만, 부자들이 많다는 것이 그의 관심을 끌었던 겁니다. "아무것도 없는 사람보다는 인색한 부자가 더 줄 수 있다."는 속담을 믿고 있었던 거죠. 우리들은 벌이가 좋은 곳만 골라서 다녔습니다. 우리들을 잘 대해 주고 벌이가 좋은 곳에서는 멈춰 섰고, 그렇지 않은 곳에서는 사흘 만에 그곳을 떠났습니다.[29]

그러던 어느 날이었습니다. 우리가 '알모록스'[30]라는 곳에 도착했을 때는, 한창 포도를 수확하는 시기였습니다. 그때 포도를 거두고 있던 한 농부가 저의 주인에게 포도 한 송이를 동냥으로 주었습니다. 그런데 포도를 담는 바구니를 함부로 다루어서인지, 때가 때인 만큼 포도가 한창 무르익어서인지 포도송이가 손으로 건네졌을 때에는 이미 포도알들이 거의 다 떨어져 있었습니다. 포도를 자루 속에 넣으면 금방이라도 포도 알이 터져 즙이

---

28 톨레도: 마드리드에서 남서쪽으로 약 70km 떨어진 스페인의 고도(古都). A.D. 542-725년까지 서고트 왕국의 수도였고, 스페인 제국을 건설한 카를로스 1세가 이곳에 왕실을 두었던 관계로 많은 유적들이 있다. 특히 스페인의 정체성을 이루는 기독교, 유대교, 이슬람교 등 세 문화의 혼합을 잘 보여 주고 있는 도시이다.

29 원문의 표현은 'hacíamos San Juan'으로, 이 말은 성 요한 축일을 맞이하여 계약을 갱신하는 관습에서 유래된 말로 '장소를 바꾸곤 했다'라는 뜻으로 해석할 수 있다.

30 알모록스: 톨레도 도의 한 마을

되어 버릴 것 같았습니다. 그는 이 포도를 가지고 파티를 열기로 했습니다. 그런 포도를 가지고 멀리 갈 수도 없거니와 그날따라 유난히 저에게 발길질과 구타를 해 댄 것이 미안해서 그런 결정을 내린 것입니다. 우리가 담 밑에 자리를 잡고 앉자 그는 저에게 이렇게 말했습니다.

"지금부터 지극히 공평한 방법으로 이 포도를 나누겠다. 우리 둘이 이 포도를 나누어 먹는데, 너는 반드시 내가 먹는 양만큼 먹어야 한다. 우선 이렇게 시작하자. 네가 한 번 먹고 내가 한 번 먹는 식으로 말이다. 다만 한 가지 약속을 해야 한다. 절대로 한 번에 한 알 이상 먹지 않겠다는 약속 말이다. 나 역시 포도가 다 떨어질 때까지 그렇게 하겠다. 그렇게 하면 피차 속이지 못하고 공평히 나누어 먹게 될 테니까."

우리는 그렇게 하기로 굳게 맹세하고 먹기 시작했습니다. 그런데 이게 웬일입니까? 두 번째 판에 이르자 이 나쁜 인간이 아무 말도 없이 포도 알을 두 개씩 먹는 것 아니겠습니까? 필경 이자는 제가 먼저 그렇게 먹고 있다고 속단한 것이 틀림없습니다. 저는 먼저 약조를 깬 그를 보자 그와 보조를 맞추는 것으로 만족하지 못하고, 한술 더 뜨기로 했습니다. 두 개씩 먹다가 그 다음에는 세 개씩…… 그러고는 가능한 한 최대한 빨리 먹어 댔습니다. 순식간에 포도가 다 없어지자 그는 잠시 빈 포도송이를 손에 들고 있다가, 머리를 설레설레 흔들었습니다.

"라사로, 네놈은 날 속였어. 맹세컨대 네놈은 분명 포도를 세 알씩 먹었어."

"아니에요. 절대로 그러지 않았어요. 도대체 왜 그렇게 절 의심하세요?"

그러자 이 교활하기 짝이 없는 장님은 이렇게 말하는 것이었습니다.

"네놈이 세 개씩 먹은 것을 내가 어떻게 아느냐고? 내가 두 알을 먹었을 때, 네놈은 아무 말도 하지 않았잖아!"

저는 그 말에 아무런 대꾸도 하질 못했답니다.

우리는 당시 우리가 머물고 있던 '에스칼로나'[31]라는 동네에서 회랑을 통해 어느 구두 가게로 들어갔습니다. 우리가 들어갔을 때, 그 집에는 스파르트[32] 풀로 만든 많은 밧줄과 다른 여러 것들이 있었는데, 막 들어서려던 주인의 머리에 그것들이 부딪혔습니다. 그러자 주인은 손을 들어 그것들을 만지며 무엇인지를 확인하더니 저에게 이렇게 말했습니다.

"라사로, 이 기분 나쁜 것들 사이에서 빨리 나가자. 얻어먹기는커녕 뭘 먹기도 전에 밧줄에 목매달려 죽을 것 같구나."

---

31 에스칼로나: 톨레도 도의 한 마을. 에스칼로나 공작인 디에고 로페스 파체코(don Diego López Pacheco)의 영지이다. 당시 인구는 약 360명으로 알려져 있다.

32 스파르트: 화본(禾本)과에 속하는 식물로 그 잎은 종종 밧줄을 만드는 데 사용된다.

별 신경 쓰지 않고 그걸 피해 가던 저는 그게 먹는 음식[33]이 아니라 스파르트 밧줄과 말안장 걸이 밧줄이라는 것을 알고 그에게 물었습니다.

"그게 무슨 말이에요?"

"에끼, 이놈아, 입 닥쳐라. 훗날 네놈 머리로도 내 말뜻을 알게 될 것이다."

우리는 그 집을 나와 회랑을 따라 계속 앞으로 걸어가다 어느 객주에 도착했습니다. 객주 문 옆의 벽에는 많은 뿔이 박혀 있었는데, 그 뿔에 마부들이 말을 묶어 놓고 있었습니다. 제 주인은 언젠가 여주인을 위해 매일 '엠파레다다 기도'[34]를 해 준 적이 있던 그 집이 아닌가 생각하며 손을 더듬거리다가 뿔 하나를 잡더니 깊은 한숨을 내쉬면서 이렇게 말하는 것이었습니다.

"오호 이런, 고얀지고! 얼마나 많은 사람들의 머리에 네 이름을 새겨 넣기를 바라느냐! 그러나 좋아하지 말아라. 그런 사람은 몇 안 되느니라. 그리고 네놈 이름을 그 어느 곳에서도 들어본 사람은 더더욱 없느니라!"[35]

---

33 위의 '기분 나쁜 것들'의 원문은 'mal manjar'로 이것을 직역하면 '나쁜, 좋지 않은 음식'이 된다. 그래서 라사리요가 '음식'으로 표현한 것이다.

34 이탈리아 기도문집이 그 출전으로 추정되고 있는 기도문으로, 예수의 고난 몇 부분과 어느 갇힌 여인에게 나타난 예수의 일화가 담겨 있다. 이 기도문을 외면 일단의 복과 죄 사함을 받는다고 사람들에게 알려져 있어 많은 사람들이 이 기도문을 애송하였다고 하며, 글을 읽지 못하는 사람들은 돈을 주고 이 기도문을 읽어 주도록 부탁했다고 한다.

저는 그가 말하는 소리를 듣자, 이렇게 말했습니다.

"아저씨, 그게 무슨 소리예요?"

"야 이놈아. 내가 지금 붙들고 있는 이 뿔이 언젠가는 네놈에게 형편없는 점심과 저녁을 제공하게 될 거라는 말이다."

"그런 음식은 먹지도 않겠지만, 어디 주기나 하겠어요?"

"내 말은 사실이니라. 아직은 이해가 잘 안 될 거다만 살다 보면 곧 알게 될 것이니라."

우리들은 계속 앞으로 진행하여 문에 도착했습니다. 그러나 아, 그 후에 그 집 안에서 일어난 일을 생각하면, 차라리 그 집 앞까지 가지 말았을 것을, 그랬나 봅니다.

주인은 여관 여주인, 술집 여주인들, 과자 파는 여자들, 창녀들, 그리고 이와 비슷한 부류의 여자들만을 위해 기도했습니다. 사실이지, 저는 그가 남자들을 위해 기도하는 것을 한 번도 본 일이 없습니다.

저는 속으로 웃었습니다. 그리고 비록 어렸지만, 이 교활한 장님의 신중한 처세술에 다시 한번 감탄했답니다.

지금까지 보았듯이 첫 번째 주인과 저 사이에 일어난 이 재미

---

35 1523년 에스칼로나를 비롯한 주변 마을에 이른바 신비주의자들이 많은 영향력을 행사하고 있었다는 기록을 볼 때, 장님의 이 말은 다소 주술적인 냄새를 풍기고 있다. 그리고 장님이 붙들고 있는 '뿔'은 성(性)적인 범죄, 예를 들어, 간음을 유발하는 어떤 상징으로 해석된다.

있는 이야기들을 이제 줄일 때가 된 것 같습니다. 왜냐하면 이야기가 가지를 치면 그 신선도가 떨어지기 때문이죠. 그래서 이제는 마지막으로 장님과 제가 헤어지는 부분을 얘기할까 합니다.

우리가 앞서 언급한 에스칼로나 공작의 마을인 에스칼로나의 한 여관에 있을 때였습니다. 주인은 저에게 작은 순대 한 덩어리를 주면서 그것을 굽도록 지시했습니다. 순대에는 이미 기름이 발라져 있었는데 그는 기름만 빨아 먹더니 주머니에서 1마라베디 동전 한 닢을 꺼내면서 술집에 가서 포도주 한 병 사 오라고 시켰습니다. 그 순간 또 마귀란 놈이 제 눈앞에 나타나 제게 장난을 치는 것이었습니다. 늘 그렇듯이 이것이 저를 도둑으로 만들어 버렸습니다.[36] 때마침 냄비 요리[37] 하기에는 작고 길쭉한 형편없는 무 하나가 불가에 버려져 있었습니다. 당시 그 자리에는 저와 눈먼 주인밖에 없었고, 제가 있던 자리는 고소한 맛을 풍기는 순대 바로 앞이었습니다. 냄새는 저의 후각을 자극하기 시작했습니다. 냄새에 자극받은 저는 오로지 먹고 싶은 생각 외에는 아무런 생각도 할 수 없었습니다. 그래서 앞

36 속담 "기회가 사람을 도둑으로 만드느니라(La ocasión hace al ladrón)."를 인용한 구절이다.

37 일명 '코시도(cocido)'라고 불리는 요리로, 냄비에 고기라든지 콩, 서양 순대인 초리소(chorizo) 등을 넣어 삶은 것이다.

뒤 잴 것 없이 그 욕망을 즉시 실천에 옮겼습니다. 장님이 돈을 주머니에서 꺼내는 사이 저는 순대를 꺼내고, 순대 대신 무를 재빨리 화로에 집어넣었습니다. 아무것도 모르는 주인은 저에게 돈을 주고 난 후, 무를 쥐더니 그걸 순대인 줄 알고 이리저리 돌리며 굽기 시작했습니다. 사실 순대는 그것이 가진 결점(?)으로 이미 요리될 운명에서 벗어나 있었는데도 말입니다.

저는 그가 시키는 대로 포도주를 사러 갔습니다. 제가 포도주를 곁들여 순대를 먹어 치우는 데에는 많은 시간이 필요치 않았습니다. 돌아오자 저는 주인이 빵 사이에 무 조각을 끼워 넣고 그것을 들고 있는 걸 보았습니다. 아직 주인은 빵 속에 들어 있는 게 무엇인지 모르고 있는 것 같았습니다. 아마 아직 손으로 확인하지 않은 듯했습니다. 이윽고 주인은 빵을 입에 넣고, 그 속에 순대가 있을 것으로 생각하고는 한껏 물어뜯었습니다. 그런데 아뿔싸, 이게 웬일입니까? 베어 물은 무 조각의 차가움에 그의 몸도 순간 얼어붙었습니다. 그러더니 놀라 당황하며 이렇게 물었습니다.

"이게 무엇이냐? 라사리요야."

'아이쿠, 이젠 죽었구나!' 저는 속으로 중얼거렸습니다.

"주인님, 설마 저에게 뭘 또 뒤집어씌우려는 건 아니겠지요? 제가 이제 막 포도주를 사러 갔다 온 건 주인님도 잘 아시잖아요? 어느 놈이 그곳에서 장난을 친 게 분명해요."

"아니야, 그럴 리가 없어. 나는 한 번도 이 화로에서 손을 뗀 적이 없어. 그럴 리가 절대 없어."

저는 결백을 거듭 주장했습니다. 그러나 아무 소용이 없었습니다. 저 망할 놈의 장님의 눈길을 피해 감출 수 있는 것은 아무것도 없었습니다. 그는 벌떡 일어서더니 제 머리를 움켜쥐었습니다. 그러고는 냄새를 맡으려고 제게 다가왔습니다. 이 교활한 장님이 필시 사냥개처럼 저에게서 뭔가 냄새를 맡았음이 분명했습니다. 화가 머리끝까지 난 주인은 좀 더 확실한 것을 알고 싶어서였는지 저를 우악스럽게 붙들고서 있는 힘을 다해 제 입을 벌렸습니다. 그리고 화가 나 한 뼘이나 더 커진 길고 뾰족한 코를 제 입속으로 냅다 밀어 넣었습니다. 아마 코끝이 제 목젖까지 닿았을 것입니다. 저는 그의 이런 모습을 보고 왈칵 겁이 났습니다. 그러자 먹은 지 채 얼마 되지도 않은 검은 순대 덩어리가 제 위에 제대로 안착도 하지 못하고 그만 멈춰 서 버렸습니다. 설상가상으로 무지막지하게 들이댄 코 때문에 저는 숨이 막혀 반쯤 죽는 줄 알았습니다. 이 모든 것이 합력해서 결과적으로 주인의 것은 주인에게 돌아가게 되었습니다. 그러니까 저 몹쓸 주인의 코가 제 입에서 빠지기도 전에, 저의 위는 이 모든 압박을 도저히 견뎌내지 못하고 훔쳐 먹은 순대 덩어리와 그 놈의 코를 동시에 밖으로 토해 내고 말았던 것입니다.

오, 하느님이시여! 저는 이미 죽은 몸이나 거반 다름없었기 때문에 차라리 무덤 속에 들어가기를 원했습니다. 저 나쁜 장님 놈이 얼마나 길길이 날뛰었는지 만일 사람들이 몰려와 저를 그에게서 구해 주지 않았더라면 저는 생명을 부지하기가 어려웠을 겁니다. 사람들이 그놈의 난폭한 손아귀로부터 저를 구해냈을 때, 얼마 안 되는 제 머리털이 그놈의 손아귀에 잔뜩 뽑혀 있었습니다. 제 얼굴은 그 우악스런 손길에 긁혀 엉망이 되었고, 목덜미와 목구멍에는 상처가 나 있었습니다. 그런데 이 상처는 어찌 보면 당연한 귀결일지도 모른다는 생각이 들었습니다. 왜냐하면 유혹에 약한 이 목구멍 때문에 어려움을 당한 적이 한두 번이 아니었으니까요. 장님은 제가 왜 그런 불행[38]을 당했는지 그 이유를 만나는 사람마다에게 나발 불고 다녔습니다. 포도주 사건, 포도송이 사건, 그리고 방금 말씀드린 사건, 이 모두를 사람들에게 떠들고 다녔습니다. 이 이야기를 들은 사람들은 모두들 깔깔대면서 재미있어 했습니다. 그의 입담이 오죽했으면 길거리를 지나는 사람들마다 우리에게로 다가와 이 축제를 즐길 정도였겠습니까. 사람들이 오기만 하면 망할 놈의 저의 주인은 신이 나서 제가 한 일들을 되풀이해서 지껄이곤 했지요. 형편없이 두들겨 맞은 저는 울면서 옆에서 그 이야기를 듣고 있었습니다. 그러나 한편으로 생각하면, 제 자신도 이

38 여기서 라사로는 자기가 한 짓의 결과를 모두 운명의 탓으로 돌리고 있음을 볼 수 있다.

이야기를 들으면 피식 웃음이 나올 정도로 재미있었던 것도 사실이죠.

이 일이 지나자 불현듯 그놈이 끊임없이 내 험담을 하고 있는 것을 보면, 그때 제가 취한 행동이 너무 나약하고 겁쟁이 같지 않았나 하는 생각이 들었습니다. 그때 그놈의 코를 물어뜯어 버렸어야 하는데, 그렇게 하지 못한 것이 천추의 한이 되었습니다. 사실 그때만큼 좋은 기회는 없었던 것입니다. 이미 내 입속에 들어와 있는 터라 내가 이로 한 번만 깨물었어도 만사는 끝장났을 텐데 말입니다. 그 코는 비록 그놈의 일부였지만, 이미 순대를 보관하고 있던 저의 위 역시 거절치 않고 그놈의 코까지도 틀림없이 잘 보관해 주었을 것입니다. 제발 그랬다면 얼마나 좋았겠습니까! 그렇게 했든 안했든 저에게 돌아오는 결과는 마찬가지였을 테니까요.

여관 여주인과 그곳에 있던 사람들은 저에게 잘해 주었습니다. 그들은 제가 장님에게 가져다준 포도주로 제 얼굴과 목을 씻어 주었습니다. 이것을 본 장님은 다음과 같이 빈정댔습니다.

"말이야 바른 말이지. 이 꼬마 놈의 상처를 씻기 위해 들인 포도주는 불과 1년도 안 되었는데 벌써 내가 2년 동안이나 마신 것보다 더 많은 양이야. 라사로, 너는 네 아비보다도 이 포도주에게 진 빚이 더 많다는 것을 알아야 해. 네 아비는 너를 한번 낳아 주고 말았지만, 포도주는 너를 수천 번 살려 주었으니 말이다."

그러고 나서 주인은 내가 머리가 터지고 얼굴을 긁힌 후 바로 포도주로 상처를 치료해서 나았다고 수십 번이나 말하는 것이었습니다.

"내 분명 말하지만, 만일 이 세상에 포도주로 축복받은 놈이 있다면 바로 네놈이란 것을 알렸다."

저를 씻어 주고 있던 사람들은 제 기분에는 아랑곳하지 않고 박장대소했습니다. 그런데 장님 예언은 거짓이 아니었습니다. 훗날 여러 번 그 장님을 기억하며 생각한 것이지만, 그는 분명 예언 능력을 가지고 있었던 것 같습니다.[39] 어르신께서 차차 아시겠지만, 그날 장님이 말한 것은 모두 현실로 나타났습니다. 이걸 생각해 보면, 비록 제가 대가를 치르긴 했지만 그때 왜 그렇게 짓궂게 그를 대했는지 은근히 후회스럽기도 합니다.

저는 이 일과 장님이 저에게 했던 그 몹쓸 짓들을 생각하고서 그를 떠나야겠다는 결심을 더욱 굳히게 되었습니다. 이러한 생각은 과거부터 품어 왔고 또 세월이 가면서 굳어져 왔지만, 그 일을 겪자 더 이상 망설일 필요가 없다고 생각하게 되었습니다. 우리가 마을로 구걸을 떠난 다음 날, 그 전날 밤도 비가 몹시 왔는데, 그날도 역시 비가 오고 있었습니다. 그는 비를 피해 마을의 회랑을 걸으며 기도문을 외우고 있었습니다. 밤은 다가오고

39 에스칼로나 객주에서 그가 한 말을 생각해 보라.

비도 그칠 기미를 보이지 않자 주인은 말했습니다.

"라사로, 비 한번 참 대단하구나. 밤이 가까워올수록 더 거세지니 말이다. 어서 빨리 여관에 가서 좀 쉬어야겠다."

여관에 가기 위해서는 개울을 건너야 했습니다. 비가 많이 와 개울물이 상당히 불어 있자, 저는 그에게 말했습니다.

"아저씨, 개울이 너무 넓어요. 그래도 건너가고 싶으시다면, 제가 먼저 한번 둘러볼게요. 혹시라도 물에 젖지 않고 바로 건널 수 있는 곳이 있나 살펴볼게요. 개울이 좁아 발로 뛰어 건널 수 있다면 좋잖아요."

그는 저의 제안을 맘에 들어 했습니다.

"너 참, 신중한 애로구나. 그러니까 내가 너를 이렇게 좋아하는 거야. 그래, 나를 건너기 쉬운 곳으로 데려가 다오. 겨울이라 물이 몹시 차갑겠구나. 더군다나 발이 물에 젖으면, 더 좋지 않은 법이야."

순간, 저는 이때야말로 복수할 수 있는 절호의 기회라고 생각했습니다. 그래서 저는 회랑으로부터 그를 인도해 광장에 있는 집 발코니를 받치고 있는 돌기둥으로 데리고 갔습니다.

"아저씨, 이곳이 가장 좁고 건너기가 쉬운 곳이에요."

비가 너무 내리고, 이미 젖어 있는 그는 비를 빨리 피하고 싶은 마음에서 그랬는지, 아니면 그보다도 하느님께서 (저에게 복수할 기회를 주시기 위해) 순간적으로 지각 능력을 마비시켰는지 모르지만, 그때 제 말을 믿어 주었습니다.

"가장 잘 뛰어넘을 수 있는 곳으로 날 데려가 다오. 그런 다음 네가 먼저 뛰어 보렴."

저는 그를 돌기둥 정면에 세워 놓았습니다. 그렇게 한 다음 저는 한 걸음 펄쩍 뛰어 돌기둥 뒤에 섰습니다. 그러고는 투우를 기다리는 투우사[40]처럼 그에게 말했죠.

"아저씨, 이제 제가 있는 곳으로 뛰세요. 있는 힘을 다해 뛰셔야 해요. 그렇지 않으면 물에 빠지실 거예요. 자아, 하나 둘 셋!"

제 말이 끝나자마자 장님은 잠시 몸의 균형을 잡는가 싶더니, 좀 더 많이 뛰어넘으려고 뒤로 한 걸음 물러서서는 있는 힘을 다해 앞으로 냅다 점프를 했습니다. 그는 마치 커다란 호박이 부딪칠 때 나는 그런 둔탁한 소리를 내면서 머리를 돌기둥에 꽝 하고 부딪쳤습니다. 그러더니 뒤로 벌렁 나자빠져 머리에서는 피가 터져 흘러내리고, 반쯤 죽은 상태로 쭉 뻗어 버렸습니다.

"어때! 아직도 순대 냄새가 나? 기둥 냄새가 아니고? 아이고 고소하다. 너 혼자 잘해 봐라!"

저는 그를 구해 주려고 몰려든 사람들의 손에 그를 맡겨 둔 채 그 자리를 떠났습니다. 저는 달려서 마을 입구를 벗어나, 밤이 되기 전에 토리호스[41]라는 마을에 당도했습니다. 그 후로 저는

---

40 라사로가 장님에게 처음 당한 곳이 바로 돌로 된 황소 상이었다는 것을 기억하라.

41 토리호스: 살라망카와 톨레도 사이에 있는 톨레도 도에 속한 마을이다.

하느님께서 그에게 행한 그 어떤 소식도 듣지 못했고, 또 알려고 하지도 않았습니다.

제2장
라사로가 한 신부를 만나고서 벌어진 여러 가지 사건들

다음 날, 저는 그곳에 있는 것이 저의 안전에 별 도움이 되지 않을 것 같아 마세다[1]라는 곳으로 갔습니다. 그런데 오, 하느님, 제가 전생에 무슨 죄를 지었는지 이곳에서 신부 한 사람을 만나게 되었습니다. 제가 그에게 동냥을 청하자, 문득 그는 혹시 미사를 도와줄 수 있겠느냐 묻는 것이었습니다. 물론 저는 그 일을 할 수 있다고 대답했죠. 이 말은 진심이었습니다. 제가 비록 저 원수 같은 장님 놈에게 형편없는 대우를 받기는 했지만, 그래도 좋은 일은 많이 배웠으니까요. 그중 하나가 미사를 돕는 것이었습니다. 마침내 그는 저를 시종으로 삼았습니다.

그런데 천둥을 피했더니 번개를 만난 꼴로 신부에 비하면 앞서의 장님은 알렉산더 대왕인 셈이었습니다.[2] 그의 욕심스러움

1 마세다: 톨레도 도의 한 마을로, 토리호스와 에스칼로나 사이에 있음. 유대인들이 많이 살았던 곳으로 유명하며 당시에는 꽤 알려진 마을로 추정된다.

2 관대하고 인심이 좋은 사람을 지칭할 때 마치 알렉산더 대왕 같다고 말한다.

은 장님보다 더했으면 더했지 그보다 못하지 않았던 것입니다. 다시 말해 이 세상에 있는 궁기란 궁기는 모조리 그 신부란 사람에게 몰려 있는 것 같았습니다. 원래부터 그랬는지 또는 신부복이 그렇게 만들었는지 모르겠지만요.[3]

그에게는 자물쇠로 잠긴 낡은 궤짝 하나가 있었습니다. 그는 이 궤짝 열쇠를 망토 안에 끈으로 매달고 다녔습니다. 그러다가 어느 여신도가 연보捐補용으로 가져온 빵이 있으면, 날름 그 빵을 집으로 가져와 궤짝에 던져 넣고 곧바로 다시 잠그는 것이었습니다. 그래서 그의 집에는 여느 집에 보통 있는 자잘한 먹을거리, 예를 들어 소금에 절인 돼지고기가 굴뚝에 걸려 있거나, 치즈 한 조각이 탁자나 찬장 한쪽에 놓여 있다든지, 먹다 남은 빵 몇 쪼가리가 작은 바구니 속에 담겨 있다든지 하는 법인데, 그런 것들이 전혀 없었습니다. 비록 제가 먹지는 못한다 하더라도 이런 것들을 바라보기만 해도 훨씬 위로될 것 같았습니다.

그 집에 보이는 음식이라곤 자물쇠를 채운, 꼭대기 다락방에 보관된 양파 한 꾸러미뿐이었습니다. 저는 나흘 걸러 하나씩 양파를 배급받았는데, 양파를 꺼내기 위해 열쇠를 달라고 하면, 그는 혹시라도 누가 볼 새라 아주 조심스럽게 안주머니에 손을 넣어 끈을 푼 다음 열쇠를 꺼내 주는 것이었습니다. 그리고는 이렇

3 이 문장은 종교재판 검열 시 삭제된 문장이다.

게 말했습니다.

"옛다, 받아라. 그런데 너 이 열쇠 곧장 가지고 와야 한다. 너무 먹을 것에만 탐해서는 좋지 않은 법이니라."

마치 그 방에 온갖 종류의 질 좋은 발렌시아산産 과일통조림이나 있는 것처럼 말을 하는 것이었습니다. 그러나 그 방에는 방금 전에도 말씀드렸다시피 줄로 엮어 못에 매달아 놓은 양파 한 꾸러미 외에는 아무것도 없었습니다. 그리고 이 양파조차도 그가 정확하게 계산해 놓고 있었기 때문에 만일 제가 나쁜 맘을 먹고 배당된 수량 외에 손을 댄다면, 당연히 저는 비싼 대가를 치러야 할 것 같았습니다. 그러다 보니 어찌나 굶주렸던지 저는 정말이지 배가 고파 죽을 지경에 이르렀습니다.

저에게는 인색하기 짝이 없는 그였지만 자기 자신에 대해서만은 아주 관대했습니다. 그는 점심과 저녁으로 5블랑카 분량의 고기를 먹어 치우는데, 그게 보통 하루 식사량이었습니다. 그가 제게 국물은 조금 덜어 준 적이 있지만, 보통 고기는—오, 하느님이시여—한 조각도 주지 않았습니다. 제가 받는 것은 겨우 빵 한 쪼가리였습니다. 그럴 때면 제가 할 수 있는 일이라곤 하느님께 제발 반만이라도 좀 나눠 주십사 하고 기도를 올리는 것 외엔 별다른 수가 없었습니다!

이 지역에서 토요일에는 보통 양의 머리를 먹습니다. 그는 저를 시켜 3마라베디 나가는 양 머리 하나를 사 오게 했습니다. 그린 다음 그것을 요리하고 혼자서 눈, 혀, 목덜미, 골까지 다 빼 먹은 다음 마지막으로 턱뼈에 붙은 고기까지도 발라 먹는 것이었습니다. 그런 다음 그는 갉아 먹은 모든 뼈다귀들을 제 접시에 덜어 주면서 이렇게 말하는 것이었습니다.

"어서 먹어라. 아마 너처럼 이 세상에서 잘 먹고 지내는 사람은 없을 게다. 교황님도 너처럼 호의호식하지는 못하신다."

'하느님이시여, 저자가 제발 나 같은 삶을 단 하루만이라도 살게 해 주시옵소서.' 저는 혼잣말로 중얼거렸습니다.

그와 함께 있은 지 세 이레가 지나자 저의 몸무게는 눈에 띄게 줄어들었습니다. 너무나 굶주려서 저는 더 이상 제 다리를 지탱할 수 없게 되었습니다. 만일 하느님과 저의 기지가 저를 지켜 주지 않는다면, 무덤으로 가게 될 것이 너무나도 뻔했습니다. 그러나 제가 가진 잔꾀를 쓰는 데도 어려움이 있었습니다. 그 꾀를 어떻게 적용해야 할지를 몰랐기 때문입니다. 설혹 그 꾀를 사용한다 하더라도 전에 눈이 감긴 장님에게 적용했던 것처럼 할 수는 없지 않습니까. (오, 하느님! 그때 장님이 그 충격으로 죽음을 맞이했다면 저를 용서하여 주시옵소서.) 장님 역시 교활하기로는 둘째가라면 서러워할 정도였고, 게다가 뛰어난 지각 능력까지 지니고 있었지만, 그래도 제가 하는 일을 눈치챌 수는 없었습니다. 그러나 이번 경우는 달랐습니다. 이 사람처럼 날카로운 시선을 가진 사람은 아마 이 세상에 다시없을 겁니다.

봉헌기도 때, 동전 한 푼이라도 그의 눈에 걸리지 않고 헌금통에 그냥 떨어지는 법이 없었습니다. 그는 보통 한 눈으로는 사람을 보고, 다른 한 눈으로는 제 손을 감시했으니까요. 그의 눈은 마치 수은 방울처럼 그의 머리에서 춤을 추고 있었습니다. 봉헌 때의 헌금은 낱낱이 그가 계산했고, 헌금 시간이 끝나면 즉시 제게서 헌금 통을 빼앗아 제단 위에 갖다 놓곤 했습니다.

저는 그와 함께 살았던 내내—사실 살아 있는 것이 아니라 죽어 있었다고 말하는 것이 더 정확한 표현일 겁니다—동전 한 닢 손에 쥐어 본 적이 없었습니다. 그는 한 번도 제게 술을 사 오라고 심부름을 시켜 본 적이 없었으니까요. 이는 신도들에게 받은 얼마 안 되는 포도주를 궤짝 안에 넣어 두고, 조금씩 꺼내 홀짝홀짝 마시는 식으로 일주일을 버텨 냈기 때문입니다. 그도 알기는 아는지 자기의 지독한 인색함을 위장하기 위해 저에게 이렇게 말하곤 했습니다.

"얘야, 신부들이란 먹고 마시는 걸 참는 데에는 아주 훈련이 잘 되어 있는 사람들이란다. 그래서 나도 다른 신부들에게 뒤떨어지지 않기 위해 이렇게 절제하고 있는 중이란다."

그러나 이 말은 말짱 거짓입니다. 신도들의 모임이나 장례식에서 기도 시간이 끝나면, 공짜로 내오는 음식을 마치 굶주린 늑대처럼 먹어 치웠으며, 파티에서 건배를 청하는 사람보다도 더 많이 마셔 댔답니다.

장례식에 대해서 말씀드리자면—오, 하느님, 제가 이렇게 본능에 약한 자임을 혜량해 주시옵소서—저는 정말 이때가 오기만을 갈망했습니다. 왜냐하면 이날만이라도 실컷 먹을 수가 있기 때문입니다. 그래서 저는 매일같이 누군가가 죽어 주기를 하느님께 기도하고 또 기도했습니다. 환자들을 위해서 성사聖事를 베풀 때, 특히 병자성사를 집전할 때, 저의 주인은 거기에 모인 사람들에게 기도를 부탁하곤 했습니다. 그러면 저는 기도에서는 결코 그들에게 뒤지지 않았습니다. 진심으로 온 마음을 다해서 아주 열심히 기도했습니다. 다만 다른 사람들과의 차이점은, 다른 사람들은 의당 그랬던 것처럼 '더 오래 주님 뜻대로 살게 해 주시옵소서'라고 기도했다면, 저는 '제발 죽을 사람을 이 세상에서 빨리 데려가 주시옵소서'라고 기도했던 것입니다. 만일 죽어 가는 사람들 중에 누구라도 저의 기도를 거역하는 사람이 있다면—오, 하느님이시여, 저를 용서하여 주시옵소서!—저는 냅다 수천 번이나 그에게 저주를 퍼부었고, 혹시 죽게 될 경우에는 제가 할 수 있는 모든 축복을 수없이 빌어 주었습니다. 제가 그와 함께 있었던 약 6개월 동안 거의 20여 명의 사람들이 죽어 나갔는데, 사실 그 사람들은 제가 죽인 거나 다름없습니다. 다시 말해 저의 기도로 죽은 것입니다. 주님께서 저의 분노에 찬 기도를 들어주셔서 계속적으로 사람들을 거두어 가신 것을 보면, 혹시 저는 그분께서 저를 살리기 위해 사람 데려가기를 즐겨 하신 것이 아닌가 하는 생각이 들 때도 있었습니다. 그러나 정말 배고픔에는 약이 없습니다. 사람을 매장하는 날은 저에게 생명을 주는 날이지만, 죽는 사람이 없는 날은 이미 배불리 먹는 것에 길들여진 저에게 그전보다 배고픔을 더욱 절실히 느끼게 해 주는 날이었습니다. 이러한 이유로 저는 죽음 이외에는 달리 저에게 안식을 얻을 곳이 없다고 생각했습니다. 물론 이 죽음이라는 것이 저뿐만 아니라 다른 모든 사람들에게도 해당되는 것이겠죠. 가끔씩 저는 이 죽음을 바랄 때도 있었습니다. 죽음은 항상 저에게만 가까이 있었지 다른 사람에게는 그 그림자조차 얼씬거리지 않았습니다.

저는 이 인색한 주인을 떠나 버릴까 하는 생각을 여러 번 품기도 했습니다. 그러나 두 가지 이유 때문에 그 생각을 떨쳐 버렸습니다. 하나는 극도의 배고픔으로 말미암아 마를 대로 말라 버린 저의 허약한 다리 때문이었고, 또 하나는 다음과 같은 생각이 떠올랐기 때문입니다. '나는 지금까지 두 명의 주인을 만났다. 첫 번째 주인이 나에게 아사餓死를 가져다주려 했다면, 그를 버리고 만나게 된 두 번째 주인은 묘지墓地를 가져다주고 있는 셈이다. 만일 여기를 떠나 더 못한 경우를 만난다면, 죽음 외에 더 이상 무엇을 기대할 수 있단 말인가.'

이러한 이유로 저는 감히 그를 떠날 수가 없었습니다. 지금까지 제가 경험한 이 모든 단계[4]가 저를 더욱 파멸시키는 쪽으로 진행된 것이 사실이라면, 만일 한 단계 더 낮아질 경우 이 세상에서 라사로란 이름은 더 이상 들리지도, 울리지도 않을 게 분명하지 않겠습니까?

이러한 비참한 상태에서—저는 저를 이 상태에서 벗어나게 해달라고 온 힘과 믿음을 다해 하느님께 구하고 또 구했습니다—상황이 더욱 악화되어 가는 것을 보면서도 저는 속수무책이었습니다. 그러던 어느 날, 저 망할 놈의 주인이 출타하고 없는 사이 솥을 땜질하는 땜장이가 문 앞에 당도했습니다. 저는 그를 보는 순간, 하느님께서 이런 식으로 옷을 입혀 나에게 천사를 보내셨구나 생각하고 쾌재를 불렀습니다. 그는 저에게 뭔가 고칠 것이 있느냐고 물었습니다. 저는 속으로 이렇게 말했습니다. '아무렴, 있고말고. 당신이 나를 위해 해 줄 일은 너무도 많아요. 만일 나 자신을 고쳐 주지 않는다면, 진짜 당신이 해야 할 일이란 없겠지.'

그러나 아직 감사의 말을 할 때가 아니었습니다. 그래서 성령님의 가르침을 받아 이렇게 말했습니다.

"아저씨, 이 궤짝 열쇠를 그만 잃어버렸어요. 만일 이 사실을 주인이 알게 되면 저는 맞아 죽어요. 부탁입니다. 아저씨가 가져온 열쇠 중에서 여기에 맞는 것이 있나 한번 봐 주세요. 값은

4 단계(grados): 음악에서 쓰는 용어로, 이 말을 사용함으로써 다음에 나오는 '울리지도(sonó)'라는 말과 자연스럽게 연결이 된다.

치러 드릴게요."

저의 천사 땜장이는 가지고 다니는 열쇠 꾸러미에서 열쇠 몇 개를 꺼내 궤짝 자물쇠 구멍에 이리저리 맞추어 보았습니다. 그 동안 저는 몇 안 되는 빈약한 저의 기도문을 간절히 외면서 그를 도왔습니다. 순간 저는 열린 궤짝 안에서 사람들이 보통 하느님의 얼굴이라고 말하는 빵의 모습을 보았습니다. 궤짝이 열리자 저는 그에게 이렇게 말했습니다.

"아저씨, 저 사실 열쇠 값을 지불할 돈이 없는데, 대신 여기에 있는 빵으로 드리면 안 될까요?"

그러자 땜장이는 자기 눈에 가장 좋아 보이는 빵 한 덩어리를 고른 다음 열쇠를 저에게 건네주고는 만족한 얼굴로 길을 떠났습니다. 사실 더 만족한 건 바로 저였는데도 말입니다.

그러나 저는 바로 손을 대는 경솔한 짓을 하지는 않았습니다. 그것은 주인이 와서 궤짝에 들어 있는 빵이 부족하다는 걸 금방 눈치채지 못하게 하기 위한 저의 고육지책이기도 했죠. 사실 이제 저는 배고픔이 저를 공격하지 못할 거라는 생각에 부자가 된 기분이었습니다. 드디어 원수 같은 제 주인이 돌아왔습니다. 하지만 하느님의 은혜로 저의 천사가 가지고 간 빵에 대해서는 눈치 채지 못했습니다.

다음 날 주인이 외출하자, 드디어 저는 저의 천국의 문을 열고 두 손으로 이 사이에 빵 한 덩어리를 집어넣었습니다. 기도문을 두 번 외우자 빵은 감쪽같이 사라졌습니다. 물론 궤짝 문을 닫는 걸 잊지 않았죠. 저는 여느 때보다 힘이 넘쳐흘러 집 안을 깨끗이 청소하기 시작했습니다. 그리고 이와 같은 방법으로 이제 저의 슬픈 삶에 종지부를 찍는다고 생각하니 절로 흥이 났습니다. 그러나 저의 행복한 휴식은 그리 오래가지 않았습니다. 사흘째 되던 날, 느닷없이 삼일열三日熱[5]이 저에게 닥쳐왔습니다.

저를 쫄딱 굶겨 거의 죽도록 방치해 둔 장본인이 그날 수없이 들락거리며 궤짝을 열고 빵을 세고 또 세는 걸 보았습니다. 저는 전혀 모르는 체하면서 속으로 간절히 기도했습니다. '요한 성자님[6]이시여, 제발 저놈의 눈에 아무것도 뜨이지 않게 해 주옵소서!'

마침내 신부는 한참이나 날짜를 헤아려 보고 손가락으로 빵을 세더니 드디어 이렇게 선언했습니다.

"내가 이 궤짝을 제대로 간수하지 못한 탓으로 어느 놈이 빵을 도둑질해 갔어. 그러나 오늘부터는 더 확실히 잠가 놓고 만일의 경우를 대비하겠다. 빵을 분명히 세어 보았는데, 지금 아홉 개하고도 한 조각이 남아 있다. 이 점 분명히 알아 둬라."

저는 속으로 중얼거렸습니다.

---

5 한번 걸리면 사흘 동안 열이 계속된다 해서 삼일열(三日熱)이라 불린다. 이 열을 치료하기 위해서 엄격한 식이요법이 행해졌다.

6 성 요한은 하인들의 수호성자이다.

'하느님이시여, 저 인간에게 새로운 재앙을 내리시옵소서!'

주인의 그 선언은 몰이꾼의 화살에 심장이 맞은 것 같은 아픔을 저에게 주었습니다. 다시 저의 위는 과거의 굶주림을 기억하면서 배고픔으로 쓰라리기 시작했습니다. 그가 집을 비우자 저는 잠시 저의 마음을 위로하기 위해 궤짝을 열고 빵을 바라보았습니다. 그러고는 감히 손을 대지는 못하고 그것을 바라보며 군침을 삼켰습니다. 그러고 나서 혹시 그 망할 놈의 주인이 실수로 잘못 세지는 않았을까 하는 기대를 하며, 빵을 하나하나 세어 보았습니다. 그러나 주인의 셈은 저의 소망과는 달리 아주 정확했습니다. 요컨대 그 상태에서 제가 할 수 있는 일이라곤 그 빵에 수없이 입을 맞추는 것 말고는 달리 없었습니다. 그러나 방법이 하나 있긴 했습니다. 그것은 빵의 결을 따라 빵 부스러기를 약간씩 떼어 내는 일이었습니다. 이렇게 해서 전처럼 만족스럽지는 못했지만, 그날은 그렇게 보냈습니다.

그러나 배고픔이 더욱 심해졌습니다. 요전 이삼 일 동안 빵에 이미 길들여져 있던 저의 위는 배고픔을 참지 못하고 아사 직전에 이르렀습니다. 얼마나 심했는지 혼자 있게 되는 날이면, 궤짝의 문을 열고 어린아이들이 소위 말하는 하느님의 얼굴을 멍청히 바라보다 힘없이 닫아 버리는 일이 비일비재했습니다. 그러나 곤궁한 자를 외면치 아니하시는 하느님께서 저의 딱한 처지를 보시고, 어느 날 작은 해결책을 제 머리에 떠오르게 해 주셨습니다. '그래, 이 궤짝은 크고 낡아서 여기저기 부서진 데가 있어. 그래서 작은 구멍들이 나 있을 거야. 만일 빵이 사라진다 해도 쥐란 놈들이 여기에 들어와 먹었을 거라고 생각할 수도 있겠지. 그러나 빵을 모두 꺼내는 것은 위험해. 왜냐하면 나를 굶기기를 밥 먹듯이 하는 저놈이 금방 눈치챌 수 있으니까 말야. 이 정도면 저놈도 눈치채지 못하겠지.'

저는 그 방에 있는 싸구려 식탁보 위에 빵을 조금 긁어 가루를 만들었습니다. 그러고는 조금 먹고 (쥐가 갉아 먹은 것처럼) 나머지는 남겨 두었습니다. 이렇게 해서 서너 개의 빵을 조금씩 긁어 부스러기를 만들어, 마치 맛있는 그라헤아 과자[7]를 먹는 것처럼 일부는 먹고 나머지는 남겨 놓았습니다. 그렇게 하니 허기가 약간은 가셨습니다. 빵을 먹으러 집에 들어온 주인은 궤짝을 열자 이러한 사실을 곧 알아차렸지만, 쥐란 놈들이 해 놓은 짓거리로 감쪽같이 위장되어 있었기 때문에 특별히 의심치 않고 쥐의 소행으로 그냥 믿었습니다. 그는 궤짝의 이쪽 끝에서부터 저쪽 끝까지 샅샅이 살폈습니다. 그리고 구멍이 몇 개 뚫려 있는 것을 발견했습니다. 그 구멍으로 쥐가 들어온 걸로 생각한 그는 저를 불렀습니다.

"라사로, 전날 밤 도대체 어느 놈이 우리의 빵에 학대를 가했

7 그라헤아 과자: 둥그렇고 조그만 알들로 되어 있는 과자의 일종으로 당시에 매우 흔한 것이었다.

는지 와서 보거라."

저는 짐짓 놀라는 척하면서 어떤 놈이 그런 짓을 했느냐고 되물었습니다.

"누가 그랬을 것 같으냐? 바로 쥐란 놈들이야. 나쁜 놈들! 이놈들 때문에 온전히 남아나는 게 없어!"

우리들은 먹기 시작했습니다. 하느님께서는 주인이 보통 저에게 주는 그 비참한 양의 빵보다 더 많은 양을 먹을 수 있도록 특별한 배려를 해 주셨습니다. 왜냐하면 주인은 쥐가 입을 댔을 것이라고 예상되는 모든 부분을 칼로 긁어내 버렸기 때문입니다. 주인은 빵을 긁어낸 뒤 이렇게 말하는 것이었습니다.

"어서 먹어라. 쥐란 놈은 본시 깨끗한 동물이니라."

이렇게 해서 그날은 제 손(더 정확하게 말하자면 저의 손톱)의 수고로 얻어진 것을 더 보태서 식사를 마쳤습니다. 사실 저는 한 번도 제대로 식사다운 식사를 한 적이 없었지만요.

곧 새로운 공격이 저에게 들이닥쳤습니다. 저는 그가 이리저리 바쁘게 움직이며 벽의 못을 뽑아내고 판자를 찾는 걸 보았습니다. 그러고는 낡은 궤짝에 나 있는 모든 구멍에 판자를 대고 못질을 해 댔습니다.

오, 하느님이시여! 우리 피조물들은 대체 얼마나 굶주림과 행운과 재앙을 겪어야 하는지요! 그리고 이 피곤한 인생 여정에서 즐거움은 왜 이리 빨리 지나간단 말입니까? 저는 이 궁핍을 벗어나 즐거움과 좋은 일 있기를 고대하며, 이를 위해 궁색하고도 슬픈 방법을 동원하며 부단히 애를 써 왔습니다. 그러나 저의 불행은 그것을 원치 않았습니다. 오히려 저 망할 놈의 주인을 더 충동질하여 전보다 더욱 민첩하게 자신의 소유물을 붙들도록 하였습니다. (인색한 자들은 일반적으로 민첩함에 있어서는 그 누구보다도 결코 뒤지지 않습니다.) 지금 이자는 궤짝의 모든 구멍을 막아 제 위로 가는 문까지 막아 버렸습니다. 그 대신 저에게 고통의 문을 활짝 열어 놓았습니다.

제가 이렇게 탄식하고 있는 동안에 저의 부지런한 목수는 수많은 못과 판자 조각으로 구멍 막는 작업을 마쳤습니다. 그러고는 이렇게 말했습니다.

"자, 이 나쁜 놈의 쥐새끼들아. 이제 포기하는 것이 좋을 거야. 이제 이 집에서 더 이상 네놈들이 가져갈 것은 없을 테니까 말이다."

그가 나간 뒤에, 저는 그가 만든 작품을 보러 갔습니다. 이 형편없이 낡아빠진 궤짝에 구멍은커녕 모기새끼 한 마리 들어갈 틈조차 없었습니다. 저는 이제 아무런 유익을 얻을 수 없다는 절망 속에서 이미 쓸모없게 되어 버린 열쇠로 궤짝 문을 열고 주인이 쥐의 소행으로 생각한, 두세 개의 먹다 만 빵을 바라보았습니다. 그러고는 마치 상처를 내지 않고 찌르는 노련한 검술사처럼 아주 살며시 그것들을 만지면서 약간의 부스러기를 떼내었습니다.

궁핍은 항상 위대한 스승인지라 저는 밤낮없이 온통 배고픔을 해결하려는 생각에만 매달려 있었습니다. 그리고 이렇게 비참한 해결책이라도 찾아야만 하는 것이 다 배고픔 때문이라는 생각이 들었지요. 마치 "천재성은 포만감이 아니라 배고픔으로 만들어진다."라는 말처럼 말입니다. 이 말은 저에게는 정말 맞는 말이었습니다.

저는 그날도 잠을 못 이루고, 어떻게 하면 궤짝을 제가 원하는 대로 이용할 수 있을까 밤새도록 궁리에 궁리를 거듭하고 있었습니다. 그러던 중 저는 주인이 깊이 잠든 걸 알아차렸습니다. 주인은 잠이 들면 코를 골고 숨을 깊이 내쉬는 버릇이 있기 때문입니다. 저는 조용히 일어났습니다. 이미 저는 낮에 어떻게 해야 할지 궁리하면서 낡은 칼 하나를 제가 쉽게 찾을 수 있는 곳에 보관해 두었습니다. 저는 저를 슬프게 하는 저 원망스러운 궤짝 앞에 다시 섰습니다. 그리고 허술하게 보이는 부분을 찾아 칼로 구멍을 내기 시작했습니다. 오랜 세월에 이미 낡을 대로 낡아버린 궤짝은 별 저항 없이 무너지기 시작했습니다. 부드럽고 벌레 먹은 곳이 많은 나무는 곧 항복했습니다. 저의 부단한 노력으로 궤짝은 자기 옆구리에 보기 좋게 구멍을 내는 것에 동의를 하고야 말았던 것입니다. 이러한 노력의 결과로 잘만 더듬으면 빵 조각이 나올 수 있는 통로를 이미 상처가 난 궤짝에 만들 수가 있었습니다. 저는 궤짝 문을 닫고 대단히 만족스러운 마음으로 잠자리로 돌아왔습니다. 그러고 나서 약간의 휴식을 취하면서 잠을 청했습니다. 그것도 다 제가 먹지를 못해서 그러려니 생각했습니다. 그도 그럴 것이 그 당시의 제 나이를 생각해 보면, 아마 프랑스 왕[8]의 근심거리라도 제 잠을 빼앗지 못할 나이였으니까요.

다음 날은 제 주인에게 재앙이 닥쳐온 날이었습니다. 그는 제가 만들어 놓은 구멍과 구멍으로 빠져나오는 빵의 희생자가 되었습니다. 다시 그는 저 원수 같은 쥐새끼들에게 빵을 건네주기 시작했던 것입니다.

"도대체 이게 어찌된 일이란 말이냐? 요즘처럼 쥐가 설쳐 대는 걸 본 적이 없어!"

그는 사실을 말하고 있는지도 모릅니다. 왜냐하면 쥐들이 사는 왕국에서 세금을 내지 않은 집이 있다면 바로 이 집이 그럴 것이 분명하니까요. 먹을 것이 없는 집에는 쥐들이 절대 살 수 없는 법이죠.

다시 주인은 구멍을 막기 위해 못과 판자를 찾느라 온 집과 벽을 뒤지고 다녔습니다. 밤이 되어 그가 휴식을 취하면, 곧장 저

8 여기서 라사로가 언급하고 있는 프랑스 왕은 프랑수아 1세로, 그는 이탈리아 진출권을 놓고 스페인과 다툰 '파비아 전투(La Batalla de Pavia, 1525년)'에서 스페인의 포로가 되어 1525년 2월부터 1526년 2월까지 약 1년간 스페인에서 억류 생활을 했다.

는 일어나 미리 계획한 일을 했습니다. 낮에 그가 막아 놓은 모든 것을 밤에 제가 다시 떼어내는 일이 반복되었던 거죠.

이렇게 해서 우리들은 서로의 임무에 충실했습니다. "어느 한 문이 닫히면 다른 문이 열린다."라는 말은 아마 이때의 우리를 두고 하는 말이었을 겁니다. 우리는 페넬로페의 직물[9]을 부지런히 짜고 풀었습니다. 낮에 그가 짜면 밤에 제가 풀었지요. 따라서 며칠도 되지 않아 저 불쌍한 궤짝은 궤짝이 아니라 거북 등껍질이라 불러야 할 정도로 흠집투성이가 되어 버렸습니다. 이는 못과 판자로 막은 곳이 너무 많아서였죠.

그는 결국 자기의 방법이 아무런 효과가 없다는 것을 알자 다음과 같이 말했습니다.

"이 궤짝은 이제 너무 낡았어. 나무도 너무 오래되어 힘이 하나도 없어. 그러니 쥐란 놈들이 들어오는 것을 막을 수가 있어야지. 만일 계속 이런 식으로 나간다면 우리에겐 아무것도 남아나지 않을 거야. 그래도 이 궤짝을 버릴 수가 없지. 비록 이제 낡아 쓸모가 거의 없어도 말이야. 새 것을 사려면 적어도 서너 레알[10]

---

9 페넬로페의 직물: 페넬로페(Penélope)는 오디세우스(Odysseus)의 아내로 오디세우스가 집을 비운 20년 동안 수많은 남자들의 유혹을 받았으나 정절을 지켜내었다. 정절을 지키기 위한 방편으로 사용한 것이 바로 그녀가 짜고 있던 직물로, 그녀는 직물이 완성되면 청혼을 받아들이겠다고 약속한다. 그러나 이 직물은 절대로 완성되지 않았는데, 그 이유는 낮에는 짜고 밤에는 다시 풀어 버리는 일을 반복했기 때문이다. 그러므로 '페넬로페의 직물'은 끝맺음 없이 끝없이 반복되는 일을 지칭한다.

10 레알: 옛 스페인의 은화 단위. 1레알은 34마라베디다.

정도 돈은 들 텐데. 하는 수 없이 다른 방법을 강구할 수밖에. 지금까지 한 번도 써보지 못한 새로운 방법을 써 보겠어. 이제 쥐란 놈들이 들어오는 입구를 막을 것이 아니라 궤짝 안에 쥐덫을 설치해 놓아야겠어."

그는 곧 쥐덫을 빌리러 나섰습니다. 그러고는 이웃들에게서 말라깽이 치즈를 얻어 궤짝 안에다 집어넣은 다음 그 옆에 쥐덫을 놓았습니다. 그 짓은 결국 저만 이롭게 하는 결과를 가져왔습니다. 저는 지금까지 식사 시간에 별다른 반찬이 필요 없었지만, 그래도 쥐덫 옆에서 꺼낸 치즈는 저에게 좋은 찬거리가 되었습니다. 그러나 설혹 그것이 없다 하더라도 저는 빵 갉아 먹는 일을 그만둘 수는 없었습니다.

빵도 갉아 먹힌 채 있고 치즈도 없어졌는데, 그것을 먹은 쥐란 놈은 한 마리도 덫에 걸려들지 않으니 주인은 머리가 돌아 버릴 지경에 이르게 되었습니다. 그래서 그는 이웃 사람들에게 물어보았습니다. 치즈를 쥐덫에서 꺼내 먹어 버린 흔적이 있는데, 도대체 쥐란 놈은 자취도 보이지 않고, 또 쥐덫은 넘어져 있고, 도대체 이것이 무슨 조화냐는 것이었습니다.

이웃 사람들은 이구동성으로 범인은 쥐가 아니라고 했습니다. 쥐라면 덫에 걸리지 않을 수 없다는 것이 그 이유였지요. 어떤 사람은 이렇게 말하기까지 했습니다.

"신부님, 신부님 댁에 뱀 한 마리가 돌아다닌다는 이야기를 들은 적이 있습니다. 이 일은 그놈의 소행이 분명해요. 정말입니다. 이 뱀이란 놈은 몸이 길어 혹 덫에 걸린다 하더라도 모든 몸이 덫 안에 들어가 있지 않으니 쉽사리 다시 빠져나올 수 있답니다."

이 사람의 말은 그곳에 있는 사람들을 경악시켰습니다. 주인 역시 이 말에 대단한 충격을 받은 것 같았습니다. 그날 이후로 예민해진 주인은 잠을 깊게 이루지 못하고, 나무판자에 서식하는 벌레가 기어 다니는 소리에도 궤짝을 갉아 먹는 뱀인 줄 알고 소스라쳐 놀라곤 했습니다. 그러고는 벌떡 일어나 머리맡에 놓아둔 몽둥이를 집어 들고 저 불쌍한 궤짝에 몽둥이질을 해 댔습니다. 이렇게 하면 뱀이 놀라 달아날 줄로 생각했던 것이죠. 그가 벌이는 이러한 소동으로 이웃 사람들은 종종 잠을 설쳤는데, 그 누구보다도 잠을 이룰 수 없던 사람은 바로 저였습니다. 가끔씩 그는 제가 누워 있는 곳으로 와 제 잠자리와 몸을 뒤지기도 했습니다. 아마 뱀이 제 잠자리나 잠옷 속에 들어와 숨어 있지 않나 확인하는 것 같았습니다. 이러한 동물들은 종종 온기를 찾아 요람 안으로 들어와 갓난애들을 물어 중태에 빠뜨리기도 한다는 사람들의 말을 믿은 것이지요.

저는 대부분의 경우 잠든 척했습니다. 그러면 아침에 주인이 제게 이렇게 말하는 것이었습니다.

"얘야, 어젯밤에 아무 소리도 듣지 못했느냐? 내가 뱀을 쫓아

돌아다녔는데도 말이야. 내 생각에는 뱀이 네 침대 속으로 들어간 것 같은데, 뱀이란 놈들은 몸이 무척 차가워 따뜻한 곳만 있으면 무턱대고 끼어든단 말이야."

"제발, 하느님께 기도해서 저 좀 물지 않게 해 주세요. 무서워 죽겠어요."

그는 흥분해서 잠도 자지 않고 돌아다녔습니다. 그렇게 설쳐대는 그를 보면 아마 뱀이란 놈도—아마 그 뱀은 수놈이었을 겁니다—[11] 밤에 감히 궤짝으로 몸을 일으켜 온다든지 갉아 먹는다든지는 못할 것이란 생각이 들 정도였습니다. 그렇지만 그가 교회에 또는 교회 근처에 있는 낮 시간에 저는 공격을 감행하곤 했습니다. 저의 공격으로 인한 피해를 점검하고 자신의 방어책이 별다른 효과를 거두지 못하고 있다는 것을 안 그는 밤만 되면 마치 유령처럼 더욱 설치고 돌아다녔습니다.

이렇게 광기에 가까운 그의 모습을 본 저는 제 잠자리 밑에 둔 열쇠를 그가 행여 보지나 않을까 두려운 생각이 들었습니다. 밤에 잠을 잘 때 차라리 열쇠를 입속에 넣고 자는 것이 가장 안전한 방법이겠다는 생각이 들었습니다. 제가 장님과 함께 지낸 이래로 저의 볼은 주머니처럼 부풀어 올라 있었기 때문인데, 제 볼이 이렇게 된 것은 종종 열둘 또는 열다섯 마라베디를 모두 반

11 뱀을 뜻하는 'la culebra'는 본시 여성명사인데 남성명사로 표시하고 있는 것은, 라사로 자신과 연계시켜 생각하기 때문이다.

블랑카짜리 동전으로 바꾸어 제 입속에다 처넣고 있었던 결과입니다. 그렇게 하고 있었어도 먹는 데는 하등의 지장이 없었죠. 제가 그렇게까지 하지 않았더라면, 동전 한 닢도 제대로 건질 수 없었을 테니까요. 그 교활한 장님의 눈길을 벗어나기 위한 고육지책이었죠. 그 장님 놈은 자주 저의 꿰맨 옷자락이나 헝겊으로 덧붙인 부분을 검사하곤 했습니다.

말씀드린 대로 매일 밤 저는 열쇠를 입속에 넣고서 편안히 잠을 잤습니다. 설마 저의 주인이 마법사처럼 그것을 알고 덮치리라는 생각은 꿈에도 하지 않았으니까요. 그러나 아무리 주의를 해도 불행은 신속하게 닥치는 법이더군요.

저의 운명은 그것을 원했던 것입니다. (정확히 말하자면, 그것은 피할 수 없는 저의 죄업이었을지도 모르죠.) 어느 날 밤 열쇠를 입안에 넣고 제가 세상모르게 자고 있을 때, 제 입은 저절로 벌어졌고, 잠을 자면서 내는 숨소리가 열쇠 구멍을 통해 새 나왔더란 말입니다. 이 구멍을 통해 나오는 숨소리가 너무 컸던 게 탈이었습니다. 나의 불행은 거기에서 시작되었습니다. 그 소리를 들은 주인은 뱀이 내는 소리로 착각하고 소스라쳐 놀라 일어나게 되었습니다. 아마 그에게는 그 소리가 그렇게 들렸던 것 같습니다.

주인은 벌떡 일어나 몽둥이를 손에 쥐고 더듬거리며 뱀이 낸다고 생각되는 소리를 따라 살금살금 제가 누워 있는 곳까지 왔습니다. 그는 뱀이 눈치채지 못하게 아주 조용히 이 일을 했지요. 가까이 온 그는 뱀이 저의 체온을 찾아 제 잠자리까지 기어와 제 밑에 있다고 생각하고, 그대로 믿어 버렸습니다. 그는 단번에 뱀을 때려죽일 요량으로 몽둥이를 들어 온 힘을 다해 내려친다는 것이 그만 제 머리통을 치고 말았습니다. 불시에 날벼락을 맞은 저는 당연 머리에 큰 상처를 입고 의식을 잃은 채 뻗어 버렸습니다. 저 무자비한 타격을 입고 쓰러진 제가 보이는 반응에, 뭔가 잘못되었다는 것을 안 그는 저에게 다가와서 큰 소리로 제 이름을 부르며 저의 의식을 회복시키려고 무진 애를 썼습니다. 그가 저의 몸을 만지는 순간 엄청난 피가 흘러나오는 걸 느끼자, 제가 입은 피해가 어느 정도인가를 깨닫기 시작했습니다. 그러자 황급히 등불을 찾아 저에게로 와, 아직도 열쇠를 입에 문 채—그 순간에도 저는 열쇠를 놓치지 않고 있었습니다—신음 소리를 내고 있는 저를 비추었습니다. 그런데 열쇠가 문제였습니다. 열쇠가 조금 전 잠자리에서 숨소리를 내던 상태 그대로 입 밖에 반쯤 나와 있는 게 아니겠습니까.

뱀을 죽이려던 주인은 깜짝 놀라 그것이 무엇인가를 자세히 살펴보더니 그것을 모두 입 밖으로 꺼내었습니다. 그러고는 그 열쇠가 자기가 보관하고 있는 열쇠와 다르지 않다는 사실을 눈치채고는 곧바로 그걸 확인하러 갔습니다. 잠시 후 주인은 자신에게 닥친 저주의 이유를 알게 되었습니다. 아마 이 잔인한 사냥

꾼은 이렇게 말했을 겁니다. "드디어 나는 나의 재산을 잠식하고 나를 전쟁으로 몰아간 쥐와 뱀을 이제야 찾았노라."

그 사건이 발생한 후 사흘 동안 무엇이 어떻게 돌아갔는지 전혀 생각이 나질 않았습니다. 왜냐하면 저는 그 사흘 동안 저 요나를 삼킨 물고기 뱃속[12]에 있었기 때문입니다. 방금 말씀드린 부분도 정신이 든 후, 주인이 몰려온 사람들에게 아주 상세히 설명해 준 그 이야기를 전해 듣고 알게 된 거랍니다.

사흘 후, 저는 정신이 들었습니다. 잠자리에 누워 있었는데 머리가 온통 붕대로 칭칭 감겨 있었고, 기름과 연고가 잔뜩 발라져 있는 게 아니겠습니까. 이 모습에 깜짝 놀란 저는 신부에게 물었습니다.

"도대체 무슨 일이 일어났어요, 신부님?"

그 잔인한 신부는 "나를 괴롭힌 저 쥐새끼 놈들과 뱀을 때려잡았느니라."라고 대답했습니다.

저는 엉망진창이 되어 버린 제 모습을 바라보고는 저의 불행을 어렴풋이 짐작할 수 있었습니다. 이때, 기도와 안수로 병을 고치는 노파와 이웃 사람들이 들어왔습니다. 그들은 제 머리에

12 요나는 구약성경에 나오는 선지자로, 니느웨에 회개의 메시지를 전하라는 하느님의 명령을 거역하고 다시스로 가는 배를 타고 가다가 풍랑을 만나 바다에 던져진 후, 물고기 뱃속에서 사흘을 머물게 되면서 잘못을 뉘우치게 된다. 그 후 하느님의 용서를 받아 다시 니느웨로 가서 회개의 메시지를 전한다. 그 말을 들은 니느웨 사람들은 회개하고 하느님 앞에 바로 서게 된다.

감겨 있는 붕대를 벗기고 몽둥이로 얻어맞은 부위를 치료하기 시작했습니다. 제가 정신이 되돌아온 것을 본 그들은 기뻐하며 말했습니다.

"이제 이 애는 정신이 돌아왔습니다. 하느님께 영광을 돌리십시오."

그들은 다시 저의 고난을 이야기하면서 깔깔 웃어 댔습니다. 그러나 죄인인 저는 울기만 했습니다. 그들은 배고파하는 저에게 먹을 것을 좀 주었습니다. 비록 그걸로는 제 배를 제대로 채울 수 없었지만.

어쨌든 조금씩 제 몸은 회복이 되어 15일이 지나자 자리에서 일어났습니다. 죽을 고비는 넘긴 셈이었죠. 그래도 배고픔은 여전했으니 반쯤만 치료가 되었다고 말할 수도 있겠죠.

제가 자리에서 일어난 그 다음 날, 주인은 제 손을 잡고 문 밖으로 끌고 가 길가에 세워 놓은 다음 이렇게 말했습니다.

"라사로, 오늘부터 나는 더 이상 네 주인이 아니다. 이제 네 주인은 너다. 다른 주인을 찾아가거라. 하느님께서 너와 함께하실 줄 믿는다. 나는 너처럼 지나치게 부지런한 종은 좀 그렇다. 네가 장님의 종이었다는 것이 이제 이해가 가는구나."

그리고 마치 제가 귀신에 들린 사람이나 되는 것처럼 제게 성호를 긋더니 집으로 들어가 문을 닫아 걸었습니다.

제3장
라사로가 한 하급 귀족을 만나 그와 더불어 일어난 사건들

저는 아직도 몸이 완전히 회복되지 않은 상태에서 젖 먹던 힘까지 다 내서 걸음을 옮겼습니다. 그리고 마음씨 착한 여러 사람들의 도움을 받아 조금씩 조금씩 저 유명한 도시 톨레도에 이르게 되었습니다. 그곳에 머무른 지 보름이 지나 하느님의 은혜로 상처가 다 아물게 되었습니다. 제가 몸이 좋지 않아 누워 있을 때, 사람들이 도와주어 큰 어려움은 없었습니다. 하지만 몸이 회복되자 모두들 이렇게 말했습니다.

"얘야, 너 이러다가는 게으른 사람이 되기 십상이다. 이제 섬길 주인을 찾아 나서라."

'천지를 창조하신 하느님께서 섬길 주인을 만들어 내시지 않는 한 도대체 어디 가서 찾으란 말이지?' 저는 속으로 중얼거렸습니다.

막막한 상태에서—이때쯤 저에 대한 사람들의 자비심은 이미 하늘로 올라가 사라져 버리고 말았습니다—[1] 저는 이집 저집 떠

돌아다니며 온 도시를 헤매고 있었는데, 하느님께서 한 하급 귀족을 만나게 해 주셨습니다. 그는 그때 아주 점잖은 옷을 입고 머리를 단정하게 빗어 넘긴 채 양반걸음으로 거리를 지나가고 있었습니다. 그는 제 얼굴을 찬찬히 뜯어보았습니다. 저도 그를 바라보았지요. 그러자 이렇게 말했습니다.

"얘야, 너 지금 주인을 찾고 있는 거냐?"

"네, 그렇습니다."

"그렇다면 나를 따라오너라. 하느님께서 은혜를 베푸셔서 나를 만나게 해 주셨구나. 너 오늘 기도를 많이 한 모양이다."

저는 그 말을 듣자 하느님께 감사를 드리며 그를 따라갔습니다. 옷차림과 표정으로 보아 그는 제가 필요로 하는 사람인 것 같아 더욱 감사했습니다.

이 세 번째 주인을 만난 때는 오전이었습니다. 그는 저를 데리고 도시 한복판으로 갔습니다. 광장들을 지나가게 되었는데 그곳에는 빵이라든지 다른 먹을 것들을 팔고 있었습니다. 저는 시간도 시간이니만큼—그때는 사람들이 뭔가를 요기할 시간이었죠—그가 뭔가를 사서 제가 가져가도록 할 거라고 생각했습니다. (아니, 원했다고 하는 것이 더욱 맞는 말이겠죠.) 그러나 그는 발걸음을 천천히 옮길 뿐 그런 것들을 그냥 스쳐 지나가 버리는

1 종교재판 검열에 의해 삭제된 문장임.

것이었습니다.

'혹 이곳에 있는 것들이 이 양반의 마음에 들지 않을지도 몰라. 아마 다른 곳에서 사게 될지도 모르지.' 저는 속으로 생각했습니다.

어느덧 우리는 열한 시까지 걷게 되었습니다. 그러다가 그는 앞에 보이는 어느 큰 교회로 들어갔습니다. 물론 저도 따라 들어갔지요. 저는 그가 미사와 다른 성사를 아주 열심히 드리는 것을 보았습니다. 미사가 다 끝나고 사람들이 모두 빠져나가자 우리 역시 교회에서 나왔습니다. 우리들은 느릿느릿한 걸음으로 아랫길로 내려가기 시작했습니다. 저는 이제 우리가 먹을 것을 찾아 헤매지 않아도 된다고 생각하니 기분이 날아갈 것 같았습니다. 저는 새 주인이 분명 양식을 이미 충분히 사다 놓고, 제가 필요하고 원하는 만큼 먹을 것을 주겠지 하고 생각했습니다.

정오를 지나 한 시가 되자 그는 어느 집 앞에 멈춰 섰습니다. 저 역시 그를 따라 걸음을 멈추었지요. 그는 왼쪽 망토 끝을 올리더니 옷소매 속에서 열쇠를 하나 꺼내 문을 열었습니다. 우리는 함께 그 집 안으로 들어갔습니다. 현관이 너무 어둠침침하고 음산해서 그 문으로 들어오는 사람은 누구나 으스스한 기분을 느낄 것 같은 분위기였습니다. 그러나 안에 들어가 보니 조그마한 중앙 정원도 있고, 보기에 그럴듯한 방들도 몇 개 있었습니다.

집 안으로 들어온 그는 망토를 벗더니 제 손이 깨끗한지 물었습니다. 우리는 함께 망토를 털어 잘 개어서 그곳에 있는 긴 의자[2]의 먼지를 불어 낸 후, 그 위에 얌전히 내려놓았습니다. 잠시 후 그는 의자 끝에 걸터앉더니 제가 어디에서 왔으며 어떻게 해서 이 도시까지 흘러 들어오게 되었는지를 상세하게 물었습니다. 사실 저는 지금 상을 차리고 국을 그릇에 담으라고 말할 때이지 신상에 관한 이야기를 물을 때가 아니라고 생각했습니다. 어쨌든 저의 기구한 처지를 그에게 가능한 한 자세하게 설명했습니다. 그리고 그가 저를 그의 품위에 어울리지 않는 놈으로 생각할지도 모른다는 생각에서 저에 관한 부정적 이야기는 가능한 한 빼고, 최대한 거짓말을 보태 저의 좋은 점만을 그에게 말해 주었습니다. 그런데 이야기가 끝이 났는데도 그는 잠시 그냥 앉아만 있었습니다. 그러자 불길한 생각이 들었습니다. 거의 두 시가 다 되었는데도 식사를 할 어떤 기미도 보여 주지 않았기 때문이었습니다. 그는 마치 죽은 사람처럼 앉아 있었거든요. 그가 대문을 열쇠로 채워 놓았다는 것과 이 집 위에서건 아래서건 그 어느 곳에서도 사람 발자국 소리 하나 들리지 않는다는 생각이 불현듯 저의 뇌리를 스쳤습니다. 벽을 빼고 이 집에서 보이는 것은 아무것도 없었습니다. 마땅히 앉을 만한 작은 의자도 없었고,

2 원문인 'poyo'는 현관에 있는 벤치 비슷한 의자로, 일반적으로 벽에 붙여서 만든다.

요리대도, 긴 의자도, 식탁도, 심지어는 낡은 궤짝 하나 없었습니다. 마치 무슨 마술에 걸려 있는 집 같았습니다. 제가 이런 생각을 하고 있을 때, 그가 저에게 말을 건넸습니다.

"얘야, 너 밥은 먹었느냐?"

"아뇨. 제가 주인님을 만난 때는 아침 여덟 시도 채 안 되었을 때였는 걸요."

"그때가 아침이었지만 나는 이미 점심식사를 했단다. 일이 이렇게 된 바에야 어쩌겠니. 어쨌든 나는 밤이 되어서야 저녁식사를 할 테니까 그리 알아라. 그때까지 넌 알아서 시간을 보내라. 그때 우리 함께 저녁을 먹자꾸나."

어르신이여, 그의 이 말을 제발 믿어 주소서. 저는 이 말을 듣는 순간 거의 기절할 지경이었습니다. 그것은 단지 배가 고파서가 아니었습니다. 그보다도 운명은 왜 그렇게도 나에게 잔인한가 하는 절망감 때문이었습니다. 내 인생의 피곤함이 다시 시작된다고 생각하니 참으로 난감할 따름이었습니다. 저는 속으로 저의 곤비한 운명을 한탄하며 울었습니다. 신부를 떠나려고 마음먹었을 때, 그와 함께 지낸 그 지긋지긋하던 시간보다 더 나쁜 삶이 저를 기다리고 있을지도 모르겠다는 불길한 생각을 한 적이 있었는데, 그 생각이 불현듯 다시 떠올랐습니다. 막막해진 저는 제가 지금까지 지내온 그 힘든 삶도 그랬지만, 이제는 곧 죽게 될지도 모른다는 생각에 눈물이 그치질 않았습니다.

그러나 있는 힘을 다해 슬픔을 감추고 저는 말했습니다.

"주인님, 저는 하느님 덕분에 먹는 것 가지고는 크게 걱정하지 않아요. 제 또래 애들에 비해서 먹을 것을 별로 밝히지 않는다는 것이 제 자랑이기도 하구요. 저의 이런 점 때문에 제가 지금까지 모신 주인님에게 칭찬을 많이 받았어요."

"그것 참 좋은 버릇이다. 아마 나는 너를 그들보다 더 사랑할 것 같구나. 배불리 먹는다는 것은 돼지들이나 할 일이지. 무릇 훌륭한 사람들이란 음식을 절제해야 하느니라."

'네, 아주 잘 알아 모시겠습니다. 지금까지 만난 저의 주인들도 당신만큼이나 절제의 효과와 유익함을 잘 설명했답니다.' 저는 속으로 이렇게 말했습니다.

저는 현관 문턱에 앉아 그때까지 아직 남아 있는, 동냥으로 얻은 빵 몇 덩어리를 품속에서 꺼냈습니다. 이것을 본 주인은 저를 불렀습니다.

"이리 와 봐라. 얘야, 대체 뭘 먹고 있는 거냐?"

저는 그에게 다가가 빵을 보여 주었습니다. 그는 제게 남아 있던 빵 세 덩어리 중 가장 크고 좋은 빵을 집어 들었습니다.

"정말, 이것은 좋은 빵 같구나."

"두말하면 잔소리죠. 좋은 빵입니다, 주인님."

"그랬음 좋겠다. 그런데 너 이거 어디서 구했느냐? 필시 깨끗한 손으로 반죽한 것이렷다."

"그것까지는 잘 모르겠지만 빵 맛으로 보아서는 그런대로 괜찮은 것 같습니다."

"어찌됐든, 하느님께 맡겨야지 별 도리가 있겠냐?"

저의 불쌍한 주인은 그렇게 말하는 것이었습니다. 그러면서 있는 힘을 다해 입을 쫙 벌려 빵을 한 입 베어 물었습니다. 저 역시 다른 빵을 물어뜯었습니다.

"맛이 정말 그만이구나."

그의 빵 먹는 거동이 심상치 않다는 것을 느끼자 저는 마음이 다급해졌습니다. 그의 속도가 저보다 빨라 제가 먹던 빵을 다 먹고 나면 남은 빵마저 위험할 것 같아서였습니다. 그는 저의 식사를 도와 줄 만반의 태세를 하고 있는 것 같았습니다. 이렇게 해서 거의 동시에 식사를 마쳤습니다. 주인은 가슴께에 묻은 약간의 빵 부스러기들을 손으로 털기 시작했습니다. 그러더니 조그만 방으로 들어가 마개가 없는 조그마한 낡은 단지 하나를 들고 나오는 것이었습니다. 그리고는 그 단지를 한 번 쭉 들이켰습니다. 그러면서 저더러 한잔 하라고 권하는 것이었습니다. 저는 당시 금주를 하고 있던 터라 이렇게 말했습니다.

"아닙니다. 저는 포도주를 마시지 못합니다."

"이건 물이야. 마셔도 괜찮다."

저는 단지를 받아 들고서 한잔 마셨습니다. 그렇지만 많이 마시지는 않았습니다. 갈증이 저의 고뇌의 이유는 아니었으니까요.

그는 저에게 여러 가지 질문을 했고, 저는 할 수 있는 한 가장 훌륭한 답변을 하면서 밤까지 시간을 보냈습니다. 그러고 나서 단지를 꺼냈던 방으로 저를 데려다 놓으면서 이렇게 말했습니다.

"얘야, 거기 서 봐라. 내가 어떻게 잠자리를 만드는지 잘 봐 둬라. 다음부터는 네가 해야 하니까."

그와 저는 양쪽 끝에 서서 정말 형편없는 잠자리를 하나 만들었습니다. 별로 준비할 것도 없었지요. 왜냐하면 몇 개의 긴 의자를 붙인 다음, 갈대로 만든 발을 깔고, 그 위에 오랫동안 세탁도 하지 않은 더러운 옷 하나를 요 삼아 깔아 놓은 정도였으니까요. 그는 그것을 매트리스라 생각한 것 같았는데, 사실은 그것과는 거리가 멀었습니다. 최소한의 필요한 양털도 보이지 않았으니까요. 요를 펼쳐 놓은 후 우리는 부드럽게 만들려고 애를 썼습니다. 그러나 그것은 원천적으로 불가능한 일이었습니다. 그 요는 너무나 딱딱해서 애당초 부드럽게 하기가 어려웠습니다. 그놈의 요 속에는 아무것도 들어 있지 않았거든요. 발 위에 깔아 놓고 누워 보니까 발의 결이 그대로 등에 전달되어 바싹 마른 돼지털처럼 정말 견디기 힘들었습니다. 그 엉터리 요 위에 무슨 천 같은 것을 덮어 두었는데, 그게 어찌나 더럽고 지저분한지, 원래의 색이 무엇이었는지조차 짐작할 수가 없을 정도였습니다.

이럭저럭 잠자리가 만들어지자 밤이 깊어졌습니다. 그러자 그는 이렇게 말했습니다.

"라사로, 이제 너무 늦었구나. 여기서 광장까지는 대단히 먼 거리다. 그리고 이 도시에는 도둑들이 들끓어서 밤이 되면 무슨 일이 생길지 모른다. 오늘은 그만 잠을 자자꾸나. 내일이 되면 하느님께서 또 다른 은혜를 내려 주시겠지. 나는 혼자 살기 때문에 음식을 미리 마련해 놓지 않고 지낸단다. 요 며칠 동안은 사실 밖에서 식사를 해결했다. 그렇지만 이제는 다른 식으로 한번 해 보기로 하자."

"주인님, 저에 대해서라면 걱정일랑 하지 마세요. 저는 밥을 먹지 않고도 필요하다면 하룻밤이 아니라 며칠 밤이라도 지낼 수가 있거든요."

"그래? 아마 너는 오랫동안 살 수 있을 게다. 오늘 우리가 말했다시피, 세상에 오래 살기 위해선 적게 먹는 것만 한 게 없느니라."

저는 속으로 중얼거렸습니다.

'당신 말이 사실이라면 나는 결코 죽지 않을 거요. 나는 지금까지 다른 수 없이 이 원칙을 지켜 왔으니까요. 그리고 원래가 나는 이렇게 불운한 놈이라 아마 평생 배고픔을 견뎌야 할 것 같군요…….'

그는 신발과 조끼를 베개 삼아 잠자리에 누웠습니다. 그리고 저더러 자기의 발치에 누우라고 해서 그렇게 했습니다. 그러나 저는 잠을 제대로 잘 수가 없었습니다. 갈대와 앙상하게 드러난 저의 뼈가 밤새도록 싸웠기 때문입니다. 그동안 제가 겪은 고생과 여러 악연, 그리고 굶주림으로 제 몸에는 살 한 점 남아 있지 않았습니다. 게다가 그날 먹은 것도 거의 없어 배고픔이 극에 달했습니다. 배고픔 역시 잠과는 견원지간이었죠. 저는 저의 슬픈 운명을 수천 번 저주했습니다. (하느님이시여, 용서해 주옵소서.) 밤이 깊어 주인의 잠을 깨울까 봐 몸을 뒤척거리지는 않았지만, 저는 차라리 저를 죽여 주십사 하고 수천 번 하느님께 구하고 또 구했습니다.

다음 날 아침이 되자 우리들은 잠자리에서 일어났습니다. 주인은 자기의 신발과 조끼, 겉옷과 망토를 털어 깨끗이 손질하기 시작했습니다. 제가 그를 위해 한 일은 아주 사소한 것뿐이었습니다. 그는 자기 취향을 살려 아주 위엄 있게 옷을 입었습니다. 저는 손 씻을 물을 준비해 주었습니다. 그는 머리를 빗은 후 칼을 가죽 띠에 차면서 말했습니다.

"라사로, 네가 이 칼이 어떤 물건인지 제발 알았으면 좋겠다. 아마 이 세상에 이걸 위해 지불한 금화 한 닢[3]보다 가치 있는 돈은 없을 게다. 저 유명한 장인 안토니오[4]가 만든 칼 중에서도 이게 가장 잘 단련된 쇠로 만든 것이란다."

3 약 2400마라베디에 해당하는 금액이다.

4 안토니오: 콜럼버스에게 아메리카 대륙을 발견하도록 후원해 준 스페인 여왕 '이사벨 카톨리카(Isabel Católica)'의 남편인 페르난도 왕의 칼을 만들어 준 장인이다.

그는 칼을 칼집에서 빼더니 손가락으로 날을 쓰다듬었다.

"지금 잘 봐라. 이 칼로 양모 한 꾸러미를 베어 보고 싶은 생각이 굴뚝같구나."

그러자 저는 속으로 이렇게 말했습니다.

'나는요, 비록 철은 아니지만 이 이로 큼직한 네 근짜리 빵이나 한 덩어리 확 베어 물어 보았으면 한이 없겠네요.'

주인은 칼을 다시 칼집에 넣고 허리에 차더니 굵은 알이 달린 묵주를 칼집 가죽 끈에 매달았습니다. 그리고 망토의 끝을 어깨에 걸치기도 하고 팔 밑에 집어넣기도 하면서, 오른손은 옆구리에 반듯이 붙이고 몸을 곧바로 편 다음 머리를 고상하게 흔들면서 아주 의젓한 걸음으로 문을 나섰습니다. 나가면서 이렇게 말했습니다.

"라사로, 미사를 드리고 올 동안 집을 잘 봐라. 침대를 정돈하고 저 밑에 있는 강에 가서 병에 물을 좀 채워 넣어라. 문은 열쇠로 잘 잠가야 한다. 혹시 도둑들이 들어와 물건을 훔쳐 갈지도 모르는 일이니 말이다. 그리고 그 사이 혹시 내가 돌아오게 되면 문을 열어야 할지도 모르니까 열쇠를 이 기둥에다 걸어 놓아라."

이윽고 그는 점잖은 표정과 태도로 길을 걸어 나갔습니다. 그의 의젓한 걸음걸이와 표정을 보면 그를 잘 모르는 사람들은 그를 저 유명한 아르코스 백작의 아주 가까운 친척이거나 적어도 그의 옷을 입혀 주는 가신家臣쯤 되는 걸로 생각할 겁니다.

'주여, 영광 받으시옵소서!' 저는 멈춰 서서 중얼거렸습니다. '주님은 저에게 병도 주시고 약도 주시는군요.[5] 제 주인의 저 만족스러운 얼굴과 자태를 본다면, 주인이 엊저녁 식사를 배불리 먹고 좋은 침대에서 잠을 잤다고 생각하지 않을 사람이 어디 있겠습니까? 또 비록 아침이지만 저 사람이 점심을 잘 먹었다고 말한다면, 믿지 않을 사람이 어디 있겠습니까? 아, 깊도다. 주님께서 만드신 비밀이여! 주님의 판단은 측량치 못할 것이며 사람들은 그의 길을 찾지 못할 것이로다!'[6]

저 훌륭한 차림새와 멋있는 망토 그리고 겉옷을 볼 때 속지 않을 사람이 어디에 있겠습니까? 어느 누가 저 멋있는 사람이 자기 종 라사로가 하루 낮과 밤 동안 그리 깨끗하지도 않은 가슴에 품어둔 그 비참한 빵 한 조각밖에 먹지 않고 어제 하루 종일 굶었던 사람이라고 생각이나 하겠으며, 저 점잖게 보이는 사람이 오늘 아침 손과 얼굴을 씻은 후 손수건 하나 없이 저 거친 겉옷으로 닦았다면 믿을 사람이 누가 있겠습니까? 분명 아무도 그를 의심하지 못할 것입니다. 주님, 당신은 알고 계십니까? 저런 부류의 사람들이 이 세상에 얼마나 많이 살고 있으며, 주님을 위해서는 조금도 고통을 받으려 하지 않는 저들이 정말 별것도 아닌

---

5 성경 욥기 5장 18절의 "하느님은 아프게 하시다가 싸매시며 상하게 하시다가 그 손으로 고치시나니"에서 인용한 구절이다.

6 로마서 11장 33절을 인용하면서 약간 비꼬는 투로 말하고 있다.

하찮은 명예를 위해서는 어떠한 고통도 참고 견딘다는 사실을 말입니다.

저는 문가에 서서 저의 주인이 저 길고 좁은 길을 다 지나갈 때까지 이렇게 한참 동안 이런저런 생각을 하고 있었습니다. 그가 보이지 않게 되자 저는 집 안으로 들어와 뭐 쓸 만한 것이라도 있나 찾아보려고 빠른 속도로 집 전체를 위아래로 살피며 멈춤 없이 돌아다녔습니다. 그러나 아무것도 없었습니다. 저는 그 더럽고 딱딱한 침대를 정리하고 나서 병을 들고 강가로 갔습니다. 강가에 있는 어느 농원에서, 얼굴에 베일을 쓰고 있는 두 명의 여자들에게 수작을 붙이고 있는 주인을 목격했습니다. 언뜻 보기에 그 여자들은 그런저런 장소에서(예를 들어 강가나 톨레도에서) 흔히 볼 수 있는 그런 부류였습니다. 전에도 보면 그런 여자들은 빈손으로 와도 자기들에게 시원한 음료수나 점심을 사 줄 남자들이 많이 있을 거라는 생각을 갖고서, 여름날 오전 시원한 강변을 찾아 나옵니다. 그런 여자들을 데리고 노는 일들은 이 지방 귀족들에게는 다반사였습니다.

말씀드린 대로 저의 주인은 마치 14세기 저 유명한 음유시인 마시아스Macías[7]처럼 그 여자들에게 오비디우스가 들려준 것보다 더 달콤한 이야기를 해 주고 있었습니다.[8] 그러나 그가 기분

7 마시아스: 상사병으로 죽은 음유시인이며, 진정한 사랑의 화신으로 사람들에게 많이 알려져 있다.

이 좋아진 것을 안 여자들은 늘 그랬던 것처럼 부끄럼 없이 자기들의 서비스에 대한 대가로 그에게 점심을 요구했습니다.

그러자 그는 뭔가 먹을 것을 기다리는 위가 뜨거워지면 뜨거워질수록 그만큼 차가워지는 주머니의 썰렁함을 느끼고는 갑자기 한기에 몸을 부르르 떨었습니다. 그리고 이 한기는 대화의 열기마저 빼앗아 가 버리고 말았습니다. 이윽고 그는 허둥대기 시작했고 말도 안 되는 변명을 늘어놓기 시작했습니다. 그러자 이 방면에 경험이 많은 여자들은 제 주인의 이러한 증세의 이유를 눈치채고는 더 이상 요구하지 않고 그의 곁을 떠났습니다.

저는 그때 아침식사 대용으로 양배추 줄기를 씹으며 그 광경을 지켜보고 있었는데, 새로 온 시종답게 주인의 눈에 띄지 않도록 얼른 집으로 돌아왔습니다. 집에 와서 하루 일과 중 하나인 청소를 하려고 했지만, 뭘로 청소를 해야 할지를 몰랐습니다. 그래서 주인이 점심 때쯤이면 돌아오겠거니 생각하면서 주인을 기다리기로 했죠. 그리고 그가 올 때 혹 뭔가 먹을 것이라도 가져오지나 않을까 하는 생각도 없지는 않았습니다. 그러나 그런 생각은 부질없는 것이었습니다.

오후 두 시가 다 되었는데도 주인은 집으로 돌아오지 않았고, 저는 참을 수 없을 만큼 배가 고파왔습니다. 하는 수 없이 저는

8 오비디우스(Ovidius)가 쓴 사랑론(*Ars Amatoria, Remedia Amoris, Amores*)을 빗대어 말하고 있다.

대문을 잠그고 열쇠를 그가 놓아두라고 한 장소에 놓은 후, 저의 본연의 직업인 구걸을 다시 시작하기로 했습니다. 저는 가슴에 손을 얹고 일부러 나지막하고 약한 목소리를 내면서 하느님을 부르고 하늘을 우러러 보면서, 부잣집으로 보이는 집 문 앞에서 구걸을 하기 시작했습니다. 그 일은 젖먹이 때부터 배웠던 터라(다시 말해 그 일에 정통한 스승인 장님으로부터 배웠으며, 저는 그의 탁월한 제자였던 터라), 비록 그 도시에 자비가 없고, 그 해에 풍년이 들지 않아 먹을 것을 귀하게 여기던 때이긴 했어도, 뛰어난 기술을 가지고 있었던 저는 네 시도 되기 전에 여러 근의 빵 덩어리를 몸 안에 숨겨 다닐 수가 있게 되었고, 그 외에도 두 근의 빵을 소매 안쪽과 가슴 쪽에 간직해 놓을 수가 있었습니다. 이 일을 마치고, 숙소로 돌아오는 길에 트리페리아[9]를 지나게 되었는데, 그곳에 있는 여자들 중 한 명에게 동냥을 청했습니다. 그러자 그녀는 소 족발 한 토막과 삶은 소 내장 약간을 적선해 주었습니다.

집에 도착해 보니, 저의 주인은 이미 돌아와 망토를 개어 긴 의자에 놓아두고 정원[10]을 산책하고 있었습니다. 들어가자 그가 내게 다가왔습니다. 저는 늦게 돌아와 야단을 맞을 거란 생각을

9 톨레도의 한 구역 이름. 기록에 의하면 이곳에서 여러 여자들이 가난한 사람들을 위해 저렴한 가격으로 음식을 만들어 제공해 주었다고 한다.

10 스페인식 가옥에 흔히 있는 중정(中庭, patio)을 말한다.

했지만, 하느님께서는 그 일을 잘 처리해 주셨습니다. 그는 대체 어디에서 오느냐고 물었습니다.

"주인님, 저는 두 시까지 집에 있었는데 주인님께서 오시지 않자, 밖으로 동냥을 얻으러 나갔습니다. 제가 동냥한 것들 여기 있어요."

저는 옷 속에 넣어 가져온 빵과 내장을 그에게 보여 주었습니다. 그것을 보자 주인의 얼굴이 환하게 밝아졌습니다.

"사실, 나는 식사를 함께하기 위해 너를 기다렸는데, 네가 오질 않아 나 혼자 먼저 했단다. 그런데 너 오늘 정말 훌륭한 일을 했구나. 도둑질하는 것보다 하느님의 이름으로 동냥을 청하는 것이 훨씬 나은 법이지.[11] 하느님께서 이런 식으로 나를 도와주시다니 참으로 감사한 일이다. 그런데 네게 말해 둘 게 하나 있는데, 네가 나와 함께 있다는 걸 사람들이 모르게 행동해야 한다는 점이다. 나의 명예가 달려 있는 일이니 말이다. 사실 이 도시에 나에 대해 알려진 게 거의 없으니 사람들이 모를 것으로 믿어지긴 한다마는. 아! 이곳에 오지 말았어야 하는 건데 말이야."

"주인님, 그 점에 대해서는 염려 놓으세요. 그런 걸 제게 묻는 사람도 없고, 저 또한 말할 리가 없어요."

"어서 먹거라. 이 죄 많은 것아. 만일 하느님을 기쁘게 하면,

11 "도둑질하는 것보다는 청하는 것이 더 낫다(Más vale pedir que hurtar)."는 속담을 인용한 구절이다.

우리는 어떤 것에도 부족함이 없게 될 게 분명한데 말이다. 한 가지 너에게 말해 주는데, 내가 이 집에 들어온 이후로 내겐 좋은 일이 한 번도 일어나지 않았다. 이 집은 분명 재수 없는 집이 틀림없어. 운 나쁜 집들이 더러 있지. 그런 집에 살면 재수 옴 붙게 되는 법이야. 분명 이 집도 그런 집들 중 하날 거야. 확실히 너에게 약속해 두지만, 이번 달만 지나면 이 집을 공짜로 준다 해도 나는 이 집에 머물지 않을 거다."

저는 의자 끝에 걸터앉았습니다. 저는 제 자신을 먹기만 탐하는 사람으로 여기지 않았기 때문에 간식[12]은 건너뛰고 곧바로 저녁 식사에 들어가기로 했습니다. 그래서 먹을거리로 구해 온 삶은 내장과 빵을 내놓고 물어뜯기 시작했습니다. 그러면서 곁눈질로 불쌍한 저의 주인을 슬쩍슬쩍 바라보았죠. 그는 제가 접시로 사용하고 있는 저의 바지에서 한시도 눈을 떼지 않았습니다. 하느님께서 제게 느끼셨을 연민의 정을 저도 주인에게 느꼈습니다. 왜냐하면 당시 그가 느끼고 있던 배고픔을 저도 느끼고 있었으며, 그러한 어려움을 수없이 겪어 왔고 그때도 매일 겪고 있었으니까요. 저는 함께 먹자고 권유해 볼까 하는 생각도 해 보았습니다. 그러나 방금 먹었다고 그가 말했기 때문에 혹시 거절당하면 어쩌나 하는 불안도 있었습니다. 그럼에도 불구하고 결국 저

12 간식(merienda). 스페인 사람들은 일반적으로 아침 식사와 점심 식사 사이, 그리고 점심 식사와 저녁 식사 사이 이렇게 두 번 간식을 한다.

는 제 주인이 저의 식사를 도와주기를 원했습니다. 전날 그가 원했던 것처럼 아침 식사라는 걸 하도록 말입니다. 더욱이 이날 음식은 더 좋았지만, 저는 배가 그리 고프지 않은 상태였습니다.

이윽고 하느님께서 저의 소원을 들어 주셨습니다. 그리고 그의 소원 역시 들어 주셨습니다. 제가 먹기 시작하자 이리저리 서성거리고 있던 그가 제게 다가와 이렇게 말했습니다.

"라사로, 내 생애에 너만큼 맛있게 음식을 먹는 애는 처음 본다. 아마 누구도 너처럼 식욕을 불러일으키지는 못할 거다."

'사실 당신이 너무나 먹고 싶기 때문에 내 식욕이 아름답게 보이는 거예요.' 저는 속으로 중얼거렸습니다.

모든 정황을 볼 때 제가 그를 도와주어야 할 것 같았습니다. 그가 저를 도와주겠다는 의지를 너무나 간절히 보여 주었기 때문입니다. 그래서 저는 이제 그에게 길을 열어 주어야겠다고 마음먹고 이렇게 말했습니다.

"주인님, 훌륭한 연장이 훌륭한 기술자를 만드는 법입니다. 이 빵은 너무나도 맛이 있고, 이 소 족발은 아주 잘 삶겨 감칠맛이 있습니다. 이런 맛을 보고도 함께 먹자고 권유하지 않을 사람은 아무도 없을 거예요."

"이거 정말 소 족발이 분명하냐?"

"네, 그래요."

"내 너에게 분명히 말해 두지만 이 세상에서 이것만큼 맛있는

게 없느니라. 내가 알기로는 꿩고기가 세상에서 제일 맛있기는 하다만."[13]

"어서 한번 맛보세요. 맛이 어떤지 아실 겁니다."

저는 소 족발 하나와 가장 희게 보이는 빵 서너 덩어리를 주인 앞에 내놓았습니다. 그는 제 옆에 앉더니 식욕을 한껏 과시하며 먹어 대기 시작했습니다. 그가 뼈를 씹어 먹는 형상은 그 어떤 사냥개도 따라가지 못했을 겁니다. 뼈 하나하나를 우두둑 잘도 씹어 댔습니다.

"알모드로테 소스[14]를 쳐서 먹으면 맛이 정말 그만일 텐데."

'당신은 그 어느 소스보다도 좋은 배고픔이라는 소스를 쳐서 먹고 있는 거요.' 저는 속으로 빈정거렸습니다.

"하느님도 내가 오늘 아무것도 먹지 못한 걸 아셨던 모양이다."

'제발, 내게도 당신처럼 그런 좋은 세월이 왔으면 정말 좋겠네요.' 저는 속으로 중얼거렸습니다.

그가 물을 청하자 저는 강에서 떠온 물을 주었습니다. 이제야 내게 물을 청한 것으로 보아 그동안 음식을 못 먹어 당연히 물

13 속담 "내 집 빵이 다른 집 꿩고기보다 낫다(Más quiero pan, en mi casa porque en la ajena faisán)."를 인용.

14 알모드로테(almodrote) 소스: 기름과 마늘, 치즈 그리고 그 밖의 것들을 섞어 만든 것이다.

마실 일도 없었겠다는 걸 알 수 있었습니다. 우리들은 물을 나눠 마시고 아주 만족한 상태로 전날 밤처럼 잠자리에 들었습니다.

한마디로 이런 식으로 저는 주인과 함께 근 여드레 내지는 열흘을 보내었습니다. 그동안 그는 뻔뻔스러울 정도로 만족스러운 표정을 하고 오전 내내 이 거리 저 거리를 한가롭게 배회하고 다녔고, 반면에 이 불쌍한 라사로는 주인을 먹여 살려야 한다는 일념에 가득 차, 굶주린 늑대처럼 지냈다는 것만 간단히 말씀드리겠습니다.

저는 수없이 저의 슬픈 운명을 되새겨 보았습니다. 좀 더 나은 삶을 찾고자 저 형편없는 주인들을 피해 나왔건만, 제가 만난 새 주인은 저를 먹여 살리기는커녕 오히려 제가 그를 먹여 살려야 했으니 이보다 더 기구한 운명이 또 어디 있겠습니까. 현실이 그러한데도 저는 그를 미워할 수가 없었습니다. 왜냐고요. 그는 더 가진 것도 없고, 더 가질 수 있는 능력조차도 없었으니까요. 사실 그에 대해서는 미운 마음보다는 연민이 앞섰습니다. 실제로 그를 먹여 살리다 보니 제가 어려움을 당하는 경우가 많았습니다.

어느 날 아침, 저 불쌍한 작자가 일어나 셔츠 바람으로 일을 보러 집 꼭대기로 올라간 사이에, 저는 그가 정말 그렇게 가난한지 의심쩍어 그의 머리맡에 놓아둔 겉옷과 신발을 뒤졌습니다. 그러다가 반들반들하게 닳아빠진 벨벳 지갑을 발견했습니다.

그런데 그 지갑 속을 들여다보니 빌어먹을 동전 한 닢 들어 있지 않았습니다. 그걸 오래전부터 사용한 흔적조차도 없는 것이었습니다. 저는 속으로 생각했습니다.

'이 사람은 정말 빈털터리구나. 이 사람은 가진 게 없으니까 못 주는 거야. 그런데 저 욕심 많은 장님 놈과 인색하기 짝이 없는 신부 놈은, 하느님께서 한 놈에게는 유창한 언변을, 한 놈에게는 축복의 손을 주셨음에도 불구하고, 나를 굶주림으로 거의 죽음에 이르게 만들었으니 그런 놈들에게는 동정의 여지가 없지만 이 사람은 차라리 불쌍한 마음이 드는구나.'

하느님께서 증인이시지만, 요즘에도 으스대면서 폼 재고 걷는 사람들을 보고 있노라면, 그 사람도 혹 제 주인처럼 실제로는 속이 곪아 끙끙대고 있는 사람이 아닌가 하는 생각이 들곤 합니다. 저는, 비록 그가 땡전 한 푼 없는 빈털터리지만 다른 어떤 주인보다 즐거운 마음으로 그를 섬겼습니다. 단지 한 가지 불만이 있다면, 곤궁하면 곤궁할수록 더욱 큰 소리 치는 그의 뻔뻔스러운 허장성세였습니다. 경험에 의하면 그런 사람들에게 널리 사용되고 지켜져 온 규칙이 하나 있는데, 다름이 아니라 돈 한 푼 없어도 중절모는 꼭 쓰고 다녀야 된다는 점입니다. 주님이시여, 이들의 병을 고쳐 주시옵소서! 이들은 이 병으로 매일 죽어 가고 있나이다.

이런 식으로 하루하루가 지나갔습니다. 그러나 지치지도 않고 저를 괴롭혀 온 잔인한 운명은 이 힘들고 수치스러운 삶마저 더 이상 용납하지 않았습니다. 일인즉슨, 그해 그 지역에 흉년이 심하게 들어 먹을 것이 귀하게 되자 톨레도 시 당국이 포고령[15]을 내린 것입니다. 그 지역 출신이 아닌 모든 가난한 외지인들은 곧 그곳을 떠나라는 것이었습니다. 만일 이 포고령을 따르지 않는 자들이 있다면, 태형으로 다스리겠다는 것이었습니다. 포고령이 발효된 지 나흘이 지나자 매를 맞으며 '네거리'[16]를 지나는 걸인들이 보였습니다. 그 광경을 보고 질겁한 저는, 다시는 구걸을 나가지 않겠다고 마음먹었습니다.

사려가 깊으신 분들이여, 한번 상상해 보십시오. 이후 우리 집을 뒤덮고 있던 궁핍함과 우리가 당하고 있던 슬픔, 그리고 침묵을 말입니다. 우리는 그때 사흘이나 빵 한 조각 먹어 보지 못하고 말 한마디 없이 지낸 적도 있었습니다. 제가 생명이라도 부지하게 된 것은 순전히 모자용 면직물을 짜는 아주머니들 덕분이었습니다. 지척에 살고 있었는데, 이웃으로 알고 지내는 사이였습니다. 어려운 형편에도 불구하고, 그분들은 먹는 음식 가운데 약간을 저에게 나누어 주었습니다. 그것으로 겨우 연명해 나갔

15 이 포고령은 극빈자로 분류되지 않은 사람의 구걸 행위를 금하고 있으며, 그것도 태어난 곳이 아닌 외지에서의 구걸을 금하고 있었다. 또 구걸 행위를 하기 위해서는 그 지역 신부와의 면담을 통해 얻게 되는 일종의 허가증을 지녀야 했다.

16 네거리: 톨레도 대성당과 소코도베르(Zocodover) 지역 사이에 위치해 있다. 주로 유대인들이 많이 살고 있는 지역이다.

던 것입니다.

저는 그때 제 자신에 대한 걱정보다도 일주일 동안 한 끼나 제대로 챙겨 먹었을까 말까 한 불쌍한 주인이 더 걱정이 되었습니다. 우리는 적어도 일주일 동안 그렇게 탈탈 굶고 지냈으니까요. 제가 어디를 어떻게 돌아다녔는지, 무얼 먹고 지내었는지 도통 기억이 없습니다. 혈통 좋은 사냥개보다 더 길게 축 늘어진 채 정오에 골목 끝에서 올라오는 주인의 모습도 한번 상상해 보십시오! 그가 그토록 귀하게 여기는 서푼어치도 안 되는 그 명예심에 대해 말씀드리자면, 그는 이쑤시개 하나를 빼어 들고 (사실 우리 집에서는 그 흔해 빠진 밀짚조차 찾아보기 힘들었지만) 아무것도 끼어 있지 않은 자기 이를 쑤시면서 문으로 나갑니다. 그러면서 집에 대해 이같이 불평을 하는 것이었습니다.

"이 집에 붙어 있는 저주의 귀신이 제 맘대로 하고 있는 것을 바라보고 있노라니 정말 마음이 답답하구나. 너도 보다시피 이 집은 어둡고 음침하고 쓸쓸해. 우리가 여기에 사는 한 계속해서 이 고통을 당할 거다. 제발 어서 빨리 이번 달이 지나갔으면 좋겠다. 이 집을 떠나 버리게 말이다."

이렇게 참담하고 고통스럽고 배고픈 나날을 보내고 있었는데, 어찌된 연유인지는 모르겠지만 어느 날 가난한 저의 주인의 수중에 동전 한 닢이 굴러들어 왔습니다. 주인은 마치 베네치아[17]의 보물을 얻기라도 한 것처럼 의기양양하게 집으로 들어오더니 즐거운 표정으로 생글거리며 저에게 그것을 획 던졌습니다.

"옛다 받아라, 라사로야. 이제야 하느님께서 은총의 손을 펴시는구나. 광장에 나가 빵과 포도주와 고기 좀 사 오너라. 우리를 괴롭히는 그 마귀 놈의 눈알을 깨부수자꾸나! 또 한 가지 기뻐할 일이 있느니라. 내 오늘 다른 집을 빌려 놨다. 이 저주스러운 집[18]에서 한 달을 채우려고 했는데, 이제는 도저히 더 이상 참을 수가 없구나. 망할 놈의 집! 아마 이 집의 첫 번째 지붕을 놓은 사람[19]이 저주를 짊어지고 이 집으로 들어온 게 틀림없을 게다. 오, 하느님이시여! 제가 이 집에 들어와 살게 된 이후로 포도주 한 방울, 고기 한 점 먹어 보질 못했습니다! 그리고 한 번도 맘 편히 지내본 적이 없습니다! 이 집 구석의 꼬락서니를 보십시오. 얼마나 어둡고 쓸쓸한지! 라사로, 빨리 갔다 오너라. 오늘 우리 한번 멋있게 먹어 보자꾸나."

저는 동전과 포도주 단지를 들고 발걸음을 서둘러 걸어 올라가기 시작했고, 광장을 향한 제 발걸음은 그 어느 때보다도 즐겁고 활기에 넘쳤습니다. 그런데 이 무슨 일입니까? 도대체 제 슬픈 운명에 무슨 마가 끼었기에 근심 없이는 그 어떤 기쁨도 찾아오지 않는단 말입니까!

---

17 당시 베네치아는 부와 화려함의 상징적인 도시였다.

18 별자리의 저주를 받음.

19 이 집을 처음 지은 사람을 말한다.

일인즉슨 이렇습니다. 저는 어떻게 하면 그 돈을 가장 유용하고 가치 있게 쓸 수 있을까를 생각하며, 또 저의 주인에게 돈을 주신 하느님께 감사를 드리며 길을 올라가고 있었는데, 길 아래에서 신부들과 사람들로 둘러싸인 채 올라오고 있는 장례 행렬과 만나게 된 것입니다. 저는 그들에게 길을 내주기 위해 벽에 바짝 붙어 섰습니다. 관이 지나가자 죽은 사람의 부인인 듯한 여자가 상복을 입고 올라오고 있었고, 뒤로 많은 여자들[20]이 따라오고 있었습니다. 그 여인은 큰 소리로 울며 소리쳤습니다.

"여보, 여보, 도대체 이 사람들이 당신을 어디로 데려가는지 알기나 하세요? 어둡고, 침침하고, 쓸쓸한, 저주받은 집으로 데려가는 거예요. 그곳에서는 다시는 먹지도, 마시지도 못한단 말이에요!"

저는 그 말을 듣는 순간 땅과 하늘이 들러붙는 듯한 충격을 받았습니다. 아이쿠, 큰일 났구나! 이 죽은 사람을 우리 집으로 데리고 가다니!

저는 가던 길을 멈추고 사람들 사이를 헤쳐 나가며 죽어라 빠른 걸음으로 집으로 되돌아왔습니다. 들어오자마자 황급히 문을 닫아걸고 주인의 도움을 청했습니다. 주인은 영문도 모른 채 달려와 저를 껴안고 얼떨떨한 표정으로 저에게 물었습니다.

---

20 장례식에서 곡하는 것을 직업으로 가진 여자들을 말한다.

"얘야, 도대체 무슨 일이냐? 왜 이렇게 소리를 지르고 야단이냐? 문을 그렇게 급하게 닫은 이유가 뭐냐?"

"맙소사, 주인님! 이리 좀 와 보세요. 큰일 났어요. 사람들이 시체를 우리 집으로 데려오고 있어요!"

"뭐라고?"

"조금 전, 제가 광장 쪽으로 올라가다가 장례 행렬을 만났는데, 죽은 사람의 부인으로 보이는 여자가 '여보, 여보, 이 사람들이 당신을 어디로 데려가는지 아세요? 어둡고, 침침하고, 쓸쓸한, 저주받은 집으로 데려가는 거예요. 그곳에서는 다시는 먹지도 못하고 마시지도 못한단 말이에요!' 하고 소리 지르는 것을 분명히 들었어요. 주인님, 지금 그 사람들이 시체를 우리 집으로 데려오고 있어요!"

그러자 주인은 한참 동안이나 껄껄대고 웃었습니다. 너무 웃어 말도 제대로 못할 정도였습니다. 이때 저는 이미 문에 빗장을 걸어 놓고, 그것도 모자라 제 어깨로 문을 밀어 받치고 있었습니다. 사람들이 시체를 메고 지나갔습니다. 그러나 아직도 저는 시체가 우리 집으로 들어오지나 않을까 걱정스러워 뛰는 가슴을 진정시키지 못하고 있었습니다. 실컷 웃고 난 주인은 갑자기 배가 고파졌는지, 이렇게 말했습니다.

"그래, 네 말이 맞다. 과부가 말한 것을 보니 네가 그렇게 생각할 만도 하겠구나. 이제 하느님께서 잘 해결해 주셔서 그들이 그냥 지나갔으니 문을 열어 놓아도 좋다. 어서 문을 열거라. 그리고 어서 가서 먹을 거나 사 오너라."

"주인님, 그들이 길을 다 지나갈 때까지 그냥 내버려 두세요."

그러자 주인은 문으로 가더니 힘들게 문을 열었습니다. 그도 그럴 것이 그때 저는 너무나 흥분이 되고 겁이 나서 문을 아주 단단히 잠가 놓았거든요. 저는 다시 먹을 것을 사러 나갔습니다. 그날 원했던 대로 좋은 음식을 먹기는 했지만, 그 사건으로 식욕은 완전히 달아나 버린 상태였습니다. 그리고 사흘이 지나서야 본래대로 제 안색을 되찾을 수 있었습니다. 주인은 무엇이 그리 유쾌한지 그 일을 생각할 때마다 껄껄거리면서 웃는 것이었습니다.

이렇게 저는 세 번째 주인인 빈털터리 하급 귀족과의 생활을 해나가고 있었습니다. 그런데 늘 궁금한 것이 하나 있었습니다. 그게 뭐냐면 이 사람은 도대체 어디에서 흘러와서 이런 곳에 머물고 있느냐 하는 것이었습니다. 저는 그와 함께 있은 지 하루도 못되어 그가 이 지방 사람이 아니라는 것을 금방 알아차릴 수 있었습니다. 그가 이곳에 대해 너무나 모르고 있었으며, 이곳 사람들을 대하는 그의 태도 때문이었습니다. 마침내 이 궁금증을 풀 수 있는 기회가 왔습니다. 우리가 만족스럽게 식사를 마친 어느 날, 기분이 좋아진 그는 자기의 이력을 들려주기 시작했습니다. 주인은 구舊카스티야 지방[21] 출신으로 자신의 이웃이던 어느 기사 앞에서 모자를 벗기 싫다는 단순한 이유만으로 그곳을 떠난 에스쿠데로[22]였습니다.

"주인님, 만일 주인님께서 말씀하시는 그분이 기사였고 주인님보다 지체가 높으신 분이었다면, 주인님께서 먼저 그분 앞에서 모자를 벗지 않은 것은 잘못된 일이 아니었나요? 그분 역시 모자를 벗었다고 주인님께서 말씀하신 걸 보면 말이에요."

"그래, 그래, 네 말이 맞다. 그 역시 내 앞에서 모자를 벗었지. 그러나 나는 수도 없이 그분 앞에서 먼저 모자를 벗었어.[23] 그도 한번쯤은 먼저 모자를 벗고 내게 인사를 하는 것도 나쁘진 않았을 텐데. 결국 그게 나를 진정으로 이기는 방법인데 말이지."

"주인님, 저 같으면 저보다 연세가 많으시거나 지체 높은 분들 앞에서 그런 일을 하는 것은 별 문제가 될 것 같지 않은데요."

"그건 네가 아직 너무 어려서 사람들이 명예에 대해 갖는 감정

---

21 구카스티야(Castilla la Vieja) 지방은 스페인 중북부 지역에 위치하며 아빌라, 부르고스, 로그로뇨, 팔렌시아, 산탄데르, 세고비아, 소리아, 발야돌리드를 포함하고 있다. 현재 행정구역으로는 레온 지역을 포함한 카스티야-레온 주에 속한다. 이 지역은 주로 중세 카스티야 왕국의 국토회복전쟁 초기에 이루어졌으며, 전쟁이 진행되면서 편입된 중부, 남부 지역의 시우닫레알, 쿠엔카, 과달라하라, 마드리드, 톨레도 지역으로 이루어진 신카스티야(Castilla la Nueva) 지방과 함께 이베리아 반도 중부 대부분을 차지하는 카스티야 지방을 구성하고 있다.

22 에스쿠데로(Escudero): 기사 밑의 계급으로 주로 기사의 시중 드는 일에 종사했다. 예를 들어 돈키호테의 시종 산초 판사가 바로 이 에스쿠데로(원래의 뜻은 '방패잡이')였다.

23 자기보다 지체가 높은 사람들을 만났을 때 먼저 모자를 벗는 것은 당시 사회의 중요한 관행이었다.

을 잘 모르기 때문이란다. 오늘날 자존심이 조금이라도 있는 사람이라면 그 명예라는 것에 모든 걸 걸고 있다고 해도 과언이 아닐 거야. 내 신분이 에스쿠데로라는 것을 너는 잘 알고 있겠지. 그러나 내가 신분이 나보다 높은 백작을 길에서 만났을 때, 그가 나에게 모자를 벗고 정식으로 인사를 하지 않으면, 맹세컨대 다음에 내가 그를 만나게 될 때 무슨 용무가 있는 체하면서 그를 피해 아무 집으로나 들어가든지, 다른 길로 돌아서 간다는 걸 네가 알아주었으면 좋겠다. 모름지기 양반이란 알 만한 사람이 경우를 모르고 제멋대로 행동하면 하느님과 왕을 제외하고는[24] 그 누구도 그를 사람으로 생각지 않는 법이란다. 기억나는 일이 하나 있구나. 어느 날 나는 내가 살고 있던 곳에서 나보다 지체가 낮은 어떤 장인匠人[25] 한 사람을 만났는데 경우에 맞지 않은 그의 인사 때문에 주먹으로 한번 다스려 줄까 생각한 적도 있었다. 이 사람은 나를 만날 때마다 '하느님께서 당신을 붙들어 주시기를!'[26] 하고 지껄이는 거야. 그래서 이 경우 없는 인사에 몹시 불쾌하던 차에 한번은 이렇게 혼쭐을 냈지. '여보시오, 이 양반아. 당신 방금 뭐라고 그랬어? 이런 버르장머리 없는 인간 같으니라

24 당시 모든 귀족들은 왕에게 직접적으로 귀속되어 있었다.

25 장인: 에스쿠데로보다 한 단계 낮은 신분이다.

26 '붙들다. 지지하다. 유지하다'라는 뜻의 스페인어 동사 'mantener'는 '양육하다. 부양하다'라는 뜻도 가지고 있다. 아마 이러한 인사는 자신보다 지체가 높은 사람에게는 해서는 안 될 것으로 하급 귀족은 판단했던 것 같다.

고. 뭐 '하느님께서 당신을 붙들어 주시기를?' 내가 뭐 시정잡배인 줄 알아?' 그런 일이 있은 후부터는 그는 나에게 인사할 때, 반드시 모자를 벗었고 예의에 맞는 인사말을 하게 되었단다."

"주인님, 그러면 어떤 사람에게 '하느님께서 당신을 붙들어 주시기를' 하고 인사하면 예의에 벗어나는 일인가요?"

"그것은 좋은 인사법은 아니야. 지체가 낮은 사람들에게는 그렇게 말해도 되지만, 나처럼 지체가 높은 사람들에게는 '어르신의 손에 입을 맞추겠습니다'라든가 혹은 나에게 말하는 사람이 기사라면 적어도 '당신의 손에 입을 맞춥니다'라고 인사를 해야 되지. 나는, 지켜 주심 운운 하는 사람들이나 왕을 제외한 그 어떤 사람이라도 '하느님께서 당신을 붙들어 주시기를' 하는 따위의 인사는 더 이상 받고 싶지도 않고, 그렇게 하는 것을 참을 수도 없어."

'주인님, 그래서 주인님께서 그렇게 먹고 사는 일에 건성이시군요. 누가 주인님의 생계를 위해 빌어 주는 것 하나 참지 못하시니 말이에요.' 나는 속으로 중얼거렸다.

"실제로 나는 고향에 집 하나 없을 만큼 그렇게 가난하지는 않았다. 내 집은 내가 태어난 곳에서 16레구아[27] 떨어진 곳에 있는 코스타니아 데 바야돌리드[28]라는 곳에 위치해 있단다. 아주 잘

27 레구아: 거리의 단위로 1레구아는 약 5.6km에 해당한다.

28 바야돌리드에서 가장 번화한 거리 중의 하나다.

지어진 집이지. 아마 잘만 손질하면 20만 마라베디 정도는 받을 수 있을 거야. 그리고 비둘기 집[29]도 하나 있었는데, 지금처럼 무너진 채로 있지만 않았다면 매년 이백 마리 이상의 비둘기 새끼는 거두었을 거야. 다른 것들도 있기는 하지만 내 명예에 해당되는 것들이기 때문에 더 이상 말하고 싶지 않구나. 내가 이 도시에 온 이유는 뭔가 일자리를 찾기 위해서인데, 그게 생각처럼 그리 쉽지가 않더구나. 나는 많은 교회의 높으신 분들과 수도사들도 만나 보았지만, 사랑 없는 그들의 소행을 볼 때 모든 사람들을 곤경에서 구해 주기는 어림 반 푼어치도 없다는 생각을 했어. 가끔 지체가 중간 정도인 기사들에게 도와달라는 부탁도 했는데 사실 그 사람들을 섬기는 것은 대단한 중노동이야. 왜냐하면 사람이기를 포기하고 그저 죽어지내야 하니까 말이다. 만일 그렇게 하지 않으면, 곧바로 '안녕'이지. 그리고 대부분의 경우 급료 지불이 아주 늦고, 가장 확실한 대가라곤 그저 밥만 얻어먹고 사는 거야. 그들이 마음을 바꿔 먹고 우리들의 수고에 뭔가 보답해 준다는 것이 고작해야 헌옷을 넣어 두는 방에다 쑤셔 박아놓은 땀에 절은 외투나 좀먹은 망토, 혹은 겉옷 나부랭이 따위를 주는 정도야. 직위가 있는 사람과 지내며 자리를 잡으려고 해도 마찬가지지. 똑같은 고통을 감수해야 돼. 내가 그런 작자들을 섬기

29 비둘기 집을 소유한다는 것은 그 당시 양반들이나 종교 교단에게 부여된 일종의 특권이었다.

면서 그들의 맘을 흡족히 해줄 수 있는 능력이 없는 줄 아니? 천만의 말씀. 만일 나도 그들을 만나게 된다면, 그들을 잘 섬겨서 그들의 맘에 쏙 들 자신이 있어. 나도 누구보다 아첨을 잘할 자신이 있고, 수천 가지 기발한 방법으로 그들을 즐겁게 해 줄 수도 있단다. 그리고 그들이 웃기는 말을 하거나 그와 유사한 습관들을 내보이면, 비록 그것이 세상에서 가장 재미있는 것은 아닐지라도 그들을 따라 맘껏 웃어 줄 자신도 있어. 또 짚고 넘어가야 할 일이 있다 해도 그들에게 부담이 되는 일이라면, 그 어떤 이야기도 하지 않을 거야. 말이든 행동이든 그들과 연관되는 범위 안에서 최대한 열심히 할 거야. 또 그들이 보지 않은 일에 대해서는 내가 혹 잘못했다손 치더라도 나 자신을 자책하는 일은 하지 않을 거다. 내가 얼마나 그들의 일에 관심을 갖고 있는가를 보여 주기 위해 그들이 듣는 곳에서 하인들을 꾸짖을 거다. 그런데 만일 그들이 어느 하인을 질책하면 되려 그 하인을 두둔하는 말을 해서 그들이 분통을 터뜨리게 할 거야. 그것은 내가 주인이 맘에 들어 하는 말만 하되 경우에 따라서는 얄미운 심술쟁이 노릇도 할 수 있다는 거지. 그리고 집 안에 있는 사람이나 집 밖에 있는 사람들의 비밀을 캐내려고 노력을 할 것이고, 오늘날 궁중에 계신 분들이나 지체가 높은 분들이 애용하는 화려한 의복들이나 여타 소문들을 알아다가 나의 주인들에게 전해 줄 것이다. 그러나 고귀한 사람들은 자기 집 안에 똑똑한 사람을 두는 것을 좋아하지 않는단다. 그들을 내쫓아 버리든지 집 안에 있게 해도 아주 적은 수만 있게 하지. 심지어는 능력이 없다고 하면서 바보 취급하기도 해. 어떤 주인은 그들과 함께 있으면 불편하다고 말하기도 한단다. 오늘날엔 내가 해 왔던 것들을 이용해 먹고 싶어 하는 교활한 놈들도 있어. 그런데 나의 운명이 그걸 원치 않는구나. 도대체 그런 주인이라도 통 만날 수가 있어야 말이지."

이런 식으로 주인은 자신을 은근히 자랑하면서 자신의 불운을 탓하고 있었습니다. 그때 어떤 남자와 노파 하나가 집으로 들어왔습니다. 남자는 집세를 달라고 독촉했고, 노파는 나름대로 침대 임대료를 요구했습니다. 이들은 각자 자기가 받을 몫을 청구했습니다. 두 달분이 밀려 있었는데, 아마 주인의 능력으로는 일 년 가도 갚지 못할 금액이었습니다. 언뜻 들은 바로는 12레알 내지 13레알 정도의 금액이었던 것 같았습니다.[30] 이들의 요구에 주인은 시원시원하게 대답했습니다. 곧장 광장에 나가서 가지고 있는 물건을 카스티야 금화 두 닢[31]에 바꾸어 지불을 하겠으니 수고스럽겠지만 오후에 다시 한번 들러 달라는 말이었습니다. 그러나 그날 오후 주인은 집에 들어오지 않았습니다.

오후에 그들이 다시 왔으나 이미 때는 늦었습니다. 저는 주인

---

30 사실 이 액수는 그리 많은 것이 아니었다. 예를 들어 1530년 알칼라에서 보편적으로 집세는 25~150레알 정도였다. 참고로 1레알은 34마라베디에 해당한다.

31 원문은 'dos castellanos de oro' 이며 약 30레알에 해당한다.

을 찾는 그들에게 아직 들어오지 않았다고 말했습니다. 주인은 밤이 되어도 돌아오지 않았습니다. 저는 홀로 집을 지키는 것이 무서워 옆집 아주머니들에게 자초지종을 이야기하고 거기에서 하룻밤 신세를 졌습니다.

다음 날 아침이 되자 채권자들이 다시 들이닥쳐 주인을 찾았습니다. 하지만 문은 굳게 닫혀 있었습니다. 그러자 이웃집 여자들이 그들에게 말했습니다.

"여기 그의 하인과 열쇠가 있으니 하인에게 물어봐요."

그들은 저에게 주인의 행방을 물었습니다. 그러나 저 역시 주인이 어디에 있는지 알지 못하며, 주인이 물건을 바꾸러 나간 후 지금까지 소식이 없는데, 어쩌면 그 핑계로 이곳을 떠났는지도 모르겠다고 대답했습니다.

이 말을 듣자, 그들은 포도청과 관청에 신고하겠다며 떠났습니다. 그러고는 곧바로 포졸, 관청 서기와 함께 돌아와 열쇠를 받아 들고는, 저와 몇 명을 증인으로 세운 채, 빚을 갚을 때까지 이렇게 하겠다며, 주인의 물건에 차압 딱지를 붙이려고 문 안으로 들어갔습니다. 그들이 온 집안을 구석구석 뒤지고 다녔지만, 제가 말씀드린 것처럼 집 안은 텅 비어 있을 뿐 아무것도 발견하지 못했습니다. 그러자 저에게 물었습니다.

"도대체 네 주인의 물건은 어디에 있느냐? 궤짝이라든지, 벽에 있는 커튼이라든지 집기 같은 것들 말이다."

"저는 정말 아무것도 몰라요."

"분명 어젯밤 그것들을 꺼내 다른 곳으로 빼돌린 게 틀림없어. 여보시오, 포졸나리. 이놈을 체포해 주시오. 이놈은 그자가 어디 있는지 잘 알 거요."

그러자 포졸이 저의 멱살을 꽉 쥐고 말했습니다.

"네 이놈. 네 주인 놈의 물건을 찾을 때까지 꼼짝 못할 테니 그리 알아라."

저는 한 번도 이런 경우를 당해 보지 못했기 때문에(물론 멱살을 잡혀 본 경험은 수없이 많았지만, 대부분 장님을 잘 인도하라는 식의 부드러운 경우였기에) 겁이 덜컥 나서 그만 울음을 터뜨리고 무엇이든 털어놓겠다고 약속했습니다.

"좋아. 무서워 말고 네놈이 알고 있는 것을 다 털어놔."

서기는 긴 의자에 앉아 품목을 적을 채비를 하면서 주인이 무엇을 가지고 있는가를 캐물었습니다.

"나리들, 주인이 저에게 말씀하신 바로는 주인은 아주 훌륭한 집 한 채를 가지고 있으며 무너진 비둘기 집도 가지고 있다고 했습니다."

"그래? 별것은 아니지만 빚을 받아내는 데는 도움이 되겠군. 도대체 그것들이 어디에 있다더냐?"

"자기 고향에 있다고 했어요."

"다행히 예상 밖으로 일이 잘 풀려 가는군. 그런데 그 고향이 어디냐?"

"구카스티야 지방 어디라고 했어요."

이 말을 마치자 포졸과 서기는 껄껄대고 웃었습니다.

"비록 물건이 좋긴 해도 당신네들 그놈에게 빚을 받으려면 고생깨나 해야 될 것 같소."

그러자 옆에 있던 이웃집 아주머니들이 말했습니다.

"여보세요, 나리들. 여기 있는 이 꼬마는 아무 죄가 없어요. 이 애는 그자와 함께 산 지 얼마 되지도 않아 그자에 대해서는 당신들만큼이나 모른다오. 이 불쌍한 것이 우리 집에 오면 하느님의 사랑으로 우리가 주는 음식을 먹고, 밤에는 그 작자와 함께 자러 간 것뿐이에요."

제가 결백하다는 걸 알자 그 사람들은 저를 놓아 주었습니다. 포졸과 서기는 그 두 사람에게 출장비를 요구했습니다. 이 문제로 그들은 한동안 옥신각신했습니다. 남자와 노파는 돈을 지불할 이유가 전혀 없다고 주장했습니다. 왜냐하면 차압을 붙인 것이 없기 때문이라는 것이지요. 그러나 포졸과 서기는 만일 그들이 이곳에 오지 않았더라면, 더 중요한 일을 할 수도 있었는데 이 일 때문에 다른 일을 하지 못하게 된 거라면서 보상을 요구했습니다. 서로 간에 고성이 오간 후, 결국은 범인들을 호송하는 포리가 와서 그리 무거워 보이지 않는 노파의 매트리스를 등에 짊어졌습니다. 그리고 이들 다섯 명은 시끌벅적하게 큰 소리로

승강이를 하면서 어디론가 사라졌습니다. 저는 이 문제가 어디서 끝이 날지 몰랐지만 꾀 많은 매트리스가 이 모든 것을 떠맡겠구나 하고 생각했습니다. 아마 '잘 쓰이겠구나' 하고 말하는 것이 더 정확한 표현이 될지도 모르겠네요. 왜냐하면 요즈음 매트리스는 고된 노동이 끝난 후 휴식을 취하려는 사람들에게 대여가 잘되고 있기 때문입니다.

지금까지 말씀드린 것처럼 저의 불쌍한 세 번째 주인은 저를 버리고 달아나 버렸습니다. 저는 다시 한번 저의 불행한 운명을 절감했습니다. 모든 일이 제 뜻과는 반대로 진행되었습니다. 일반적으로 주인이 몸종을 쫓아내는 법인데, 저의 경우는 거꾸로 주인이 저를 떠나 도망을 치는, 그야말로 도저히 있을 수 없는 일을 경험하게 되었던 것입니다.

제4장

라사로가 어느 메르세드 수도원[1]의 수도사를 만나 그와 더불어 일어난 사건들

이렇게 해서 저는 다시 네 번째 주인을 찾아 나서게 되었는데, 방금 말씀드린 이웃집 여자들의 소개로 메르세드 수도원의 어느 수도사를 만나게 되었습니다. 이 여인들은 이 수도사를 자기네들 친척[2]이라고 소개했습니다. 이 사람은 수도원에서 이루어지는 찬양이나 식사에는 도무지 관심이 없고 세속적인 일에 열중하여, 수도원 밖으로 돌아다니는 일에만 정신이 팔려 있었습니다. 도가 너무 지나쳐 그가 수도원에 있는 모든 신발을 닳게 하여 없애지나 않을까 하는 걱정이 들 정도였습니다. 이 사람이 바로 제 생전 처음으로 닳아 없앨 수 있는 신발이라도 신게 해 준

1 메르세드 수도원: 우르타도 데 톨레도(Hurtado de Toledo)가 쓴 『톨레도 일지』(*Relación de Toledo*)를 보면, 이 수도회는 산타 레오카디아 교구에 속해 있었으며 스물다섯 명의 수도사가 있었다고 한다. 이들은 절제와 검소, 근면을 신조로 삼았다고 전해진다.

2 여기서 '친척'이라는 말은 여러 복합적 의미를 포함하고 있다. 당시 문헌을 보면 성직자들과 내연의 관계를 맺고 있는 여인들을 종종 '조카' 등 친척으로 위장하고 있는 것을 볼 수 있기 때문이다.

사람입니다. 이 신발은 여드레도 견디지 못했는데, 그 이유는 이곳저곳을 정신없이 돌아다니는 그의 습성을 이 신발이 도저히 감당할 수 없었기 때문입니다. 여기서 말씀드리지 않겠지만, 이런저런 이유로 저는 그의 곁을 떠났습니다.

제5장

라사로가 어느 면죄부 포교사를 만나게 된 경위와 그와 더불어 일어난 사건들

제가 다섯 번째 만난 주인은 면죄부 포교사였습니다. 제 생전에 그 사람처럼 능글맞고 뻔뻔스럽고 떠벌리기 좋아하는 인간은 본 적이 없습니다. 그리고 앞으로도 그런 인간은 만나고 싶지도 않습니다. 생각건대 그 어떤 사람도 그런 인간을 만나 본 적이 없을 겁니다. 온갖 꾀를 다 부리고 묘한 일만 꾸미며 살아온 작자였습니다.

그는 면죄부를 팔 요량으로 어떤 곳에 가면, 먼저 성직자들이나 신부들에게 결코 값이 헐하지 않은, 그리고 질도 나쁘지 않은 물건들을 뇌물로 제공합니다. 예를 들어, 철에 따라 무르시아[1]산產 상추라든가 레몬, 오렌지 두 개, 복숭아 하나, 살구 두 개, 그

1 무르시아(Murcia): 이베리아 반도 동남부에 위치한 도시로 동명인 무르시아 도의 도청소재지다. 알리칸테와 아주 가까운 거리에 있으며 일찍부터 관개농업의 발달로 레몬, 오렌지 등 과수농업과 주스, 잼 등 가공식품 산업이 발달해 있다. 특히 이 지역의 청정 채소는 맛과 질이 뛰어난 것으로 정평이 나 있다.

리고 각자에게 아직 완전히 익지 않아 푸르스름한 빛이 도는 배 하나씩을 선사하곤 했습니다. 그는 신부들이 자기 사업에 호의를 베풀고 신도들을 불러 모아 면죄부를 살 분위기를 조성해 주기를 바라는 마음에서 그렇게 한 것입니다.

그는 선물을 받은 성직자들이나 신부들이 감사의 말을 하러 찾아오면, 그들의 능력에 대해 먼저 알아봅니다. 만일 그들이 라틴어를 말하고 알아듣는다고 판단하면, 그는 자신의 허점을 조금이라도 보이지 않게 하려고 라틴어는 한마디도 하지 않습니다. 대신 아주 멋들어지고 짤막짤막한 로망스 시구를 현기증 나게 구사하며 말을 하는 것이었습니다. 그리고 만일 아주 고귀한 신부님들(학문과 존경으로서가 아니라, 돈을 주고 직위를 산 신부님들을 말합니다.) 사이에서는 마치 자신이 무슨 성 토마스나 된 것처럼 라틴어로 두 시간 동안이나 떠들어 대곤 했습니다. 실제로는 그 유명한 성자님의 발끝에도 못 미치는 작자지만 적어도 그러한 시늉이라도 했다는 것입니다.

만일 사람들이 기꺼이 면죄부를 사 주지 않으면, 그는 비정상적인 방법을 사용해서라도 그것을 팔아 낼 방법을 강구해 내곤 했습니다. 마을 사람들을 괴롭히기도 하고, 어떨 때는 속임수를 쓰기도 했습니다. 그가 써먹은 속임수를 제가 본 대로 어르신께 다 말씀드리려면 너무 길 것 같아서 아주 재미있고 기발한 것만 하나 말씀드리겠습니다. 그것만으로도 그가 어떠한 사람인지 충분히 아실 수가 있을 겁니다.

한번은 그가 사그라 데 톨레도[2]란 곳에서 예의 그가 할 수 있는 모든 기교를 부려 이틀 내지 사흘 동안 면죄부에 대해 설교를 했습니다. 그러나 한 장의 면죄부도 사는 사람이 없었고, 제가 보기에는 살 의사조차 없어 보였습니다. 마을 사람들의 이러한 태도에 열이 받친 그는 어떻게 할까 궁리하다가 면죄부를 다 팔아 치울 속셈으로 다음 날 아침 마을 사람들을 불러 모으기로 결심했습니다.

그날 밤 저녁 식사를 마친 그는 마을의 포졸을 불러 밤참 내기 시합을 했는데, 그 문제를 가지고 두 사람이 옥신각신 다투기 시작했고 거친 말들이 오고 갔습니다. 그는 포졸을 도둑이라 불러 댔고 포졸은 포졸대로 그를 사기꾼이라 맞받아쳤습니다. 마침내 면죄부 포교사인 제 주인은 그곳 현관에 있던 창을 집어 들었고, 포졸은 허리에 차고 있던 칼에 손을 댔습니다. 이들이 지르는 고함소리와 우당탕거리는 소리에 놀라 뛰어나온 숙박 객들과 이웃 사람들은 황급히 이들을 뜯어말리기 시작했습니다. 그러나 분기탱천한 두 사람은 연방 그들 사이에 끼어든 사람들을 저리 가라 내쫓으며 살기등등하게 서로를 노려보고 있었습니다. 이들이 싸우는 소리에 많은 사람들이 모여들고, 그 집이 사

2 사그라 데 톨레도: 톨레도 북동쪽에 있는 지역.

람들로 가득 차게 되자 두 사람은 무기로 대결하기에는 좋지 않다고 판단했던지 서로에게 욕지거리를 퍼부어 대기 시작했습니다. 포졸은 제 주인을 사기꾼이라 부르며 그가 팔러 다니는 면죄부도 아무 효력 없는 종이쪽지에 지나지 않는다고 떠들어 댔습니다. 마침내 이웃 사람들이 이들을 말리다 못해 포졸을 다른 곳으로 데리고 갔습니다.

홀로 남게 된 주인은 화가 나 씩씩거렸지만, 숙박 객들과 이웃 사람들이 이제 다 끝났으니 화를 그만 거두고 가서 자라고 말하자 주인은 못 이기는 척하고 숙소로 돌아갔습니다. 우리들은 그곳에서 잠을 청했습니다.

다음 날 아침 저의 주인은 면죄부를 팔기 위해 교회로 가 미사와 설교를 알리는 종을 쳐 달라고 했습니다. 이윽고 마을 사람들이 모여들었고 마을 사람들은 면죄부에 대해 이러쿵저러쿵 수군댔습니다. 그 면죄부는 가짜며 주인과 함께 술을 마시고 싸운 포졸이 그렇게 말했다는 것입니다. 그렇지 않아도 마을 사람들은 면죄부 사기를 꺼리던 참에 포졸과의 그 사건으로 면죄부에 대해 좋지 않은 생각을 갖게 되었습니다.

저의 주인은 설교대에 올라가 자기는 마을 사람들 죄를 사해주고 선을 가져다주는 그 거룩한 면죄부 없이 지내는 걸 원치 않는다고 하면서 면죄부 살 것을 마을 사람들에게 권했습니다.

그의 설교가 최고조에 달할 무렵, 그와 싸웠던 바로 그 포졸이 교회 안으로 들어왔습니다. 그는 잠시 기도를 하고 나더니 벌떡 일어나 크고 또박또박한 목소리와 진지한 태도로 다음과 같이 말하기 시작했습니다.

“여기에 모이신 선량하신 여러분, 우선 제 말씀 한마디만 들어 보신 연후에 설교를 계속 듣든지 말든지 하시기 바랍니다. 저는 사실 지금 여러분들에게 설교를 하고 있는 저 사기꾼 놈과 함께 이곳에 왔습니다. 그런데 저놈이 나를 속였습니다. 저놈은 제가 자기 사업을 도와주면 자기와 이익을 반반씩 나누자고 했습니다. 그런데 저는 제 행동에 양심이 거리끼고 또 여러분들의 재산에도 해를 끼치는 것 같아 깊이 뉘우치게 되었습니다. 여러분께 분명히 말씀드리건대, 저놈이 사라고 하는 면죄부는 가짜니까 저놈 말을 믿지도 말고 또 저놈이 파는 면죄부도 사지 마시길 바랍니다. 그리고 저는 직접적으로나 간접적으로 면죄부와는 하등의 관계가 없습니다. 저는 지금 포졸 봉을 던져 버리고 포졸직을 당장 그만두고자 합니다. 부탁드리는 것은 언젠가 제가 혹시 사기를 쳤다는 혐의를 받으면 여러분들이 제 증인이 되어 주십사 하는 것입니다. 내가 저놈과는 아무런 관계도 없고 저놈에게 어떠한 도움도 주지 않았다고 말입니다. 그래서 먼저 사실을 밝히고 저놈의 죄를 고발하는 것입니다. 이제 저 인간의 장난은 끝이 났습니다.”

그곳에 있던 신앙심 깊은 몇몇 사람들은 포졸로 인해 더 이상 문제가 시끄러워질까 봐 포졸을 교회 밖으로 끌어내려 했습니다. 그러자 저의 주인이 만류했습니다. 포졸의 말을 막지 말고 하고 싶은 말을 마음대로 하도록 내버려 두라고 말했습니다. 만일 시키는 대로 하지 않으면 사람들을 파문시키겠다고 협박했습니다. 그리고는 포졸이 방금 제가 말씀드린 그 말을 계속 이어 하는 동안 침묵을 지켰습니다. 포졸이 말을 마친 후 잠잠해지자 주인은 할 말이 더 있으면 해 보라고 했습니다.

"당신과 당신의 사기 행각에 대해서는 할 말이 너무나도 많지만 지금은 여기에서 그치겠소."

그러자 주인은 설교대에서 무릎을 꿇고 두 손을 모은 다음 하늘을 우러러보며 이렇게 말했습니다.

"오, 주님. 주님 앞에서는 감출 것이 아무것도 없나이다. 모두 드러나게 되어 있나이다. 또 주님 앞에서는 불가능한 것이 아무것도 없나이다. 모두가 가능하나이다. 주님은 모든 것을 알고 계십니다. 제가 얼마나 부당하게 모욕을 당하고 있는지도 주님께서는 알고 계시나이다. 그러나 저는 주님께서 저를 용서하신 것처럼 저 인간을 용서하겠습니다. 주님이시여, 자기가 무슨 짓을 하고 있는지, 무슨 말을 하고 있는지 알고 있지 못한 저 불쌍한 인간을 보지 마시옵고 저자가 주님을 모욕했다는 사실만을 보시기 바랍니다. 혹시라도 여기에 있는 누군가가 성스러운 면죄부를 사려 했다가 저 불충한 자의 거짓말을 믿고 취소해 버릴까 마음이 심히 고민되오니, 제발 주님의 능력을 감추지 마시옵기를 정의의 이름으로 바라옵고 간구하나이다. 그것은 이 일이 이웃에게 해가 될까 두려워서 그러하옵니다. 제발 비오니 주님의 능력을 감추지 마옵시고 여기서 기적을 보여 주옵소서. 바라는 바, 만일 저 패역한 자의 말이 맞고 제가 재앙과 거짓을 이곳에 가져왔다면, 이 설교대가 저와 함께 무너져 다시는 이 설교대와 제가 나타나지 못하도록 일곱 길 땅속으로 떨어지게 해 주옵소서.[3] 만일 제가 하는 말이 옳고 저자가 마귀의 꼬임에 넘어가 여기에 있는 모든 사람들로부터 주님의 축복을 빼앗으려고 옳지 못한 말을 하고 있다면, 저자에게 벌을 내리셔서 모든 사람이 저자의 악을 알게 해 주소서."

이 믿음 좋은 저의 주인이 기도를 끝내자마자 패역한 포졸은 갑자기 실신을 하며 온 교회가 들릴 정도로 쿵하고 쓰러졌습니다. 그러면서 입에 거품을 내뿜고 신음 소리를 내며 입이 뒤틀리기 시작했습니다. 그러고는 얼굴을 일그러뜨리고 지랄 발광을 하며 이리저리 떼굴떼굴 굴러다니기 시작하는 것이었습니다.

사람들이 얼마나 소란을 피우고 큰 소리로 떠들어 대든지 옆 사람 말이 잘 들리지 않을 정도였습니다. 어떤 사람들은 너무 놀

---

3 성경 민수기 16장 30절 참조. "만일 여호와께서 새 일을 행하사 땅으로 입을 열어 이 사람들과 그들의 모든 소속을 삼켜 산 채로 음부에 빠지게 하시면, 이 사람들이 과연 여호와를 멸시할 것인 줄을 너희가 알리라."

라 공포감에 몸을 부들부들 떨 정도였습니다. 어떤 사람은 "하느님, 저 불쌍한 영혼을 구해 주옵소서."라고 말했고, 또 어떤 사람들은 "잘 당했어. 거짓 참소를 했으니 당해도 싸지."라며 말을 내뱉었습니다. 마침내 그곳에 있던 몇몇 사람이 제가 보기에는 상당히 공포에 질린 모습으로 그 포졸에게 다가가, 가까이 접근하는 사람이면 누구에게나 주먹을 내질러 대는 그의 팔을 붙잡았습니다. 그리고 또 다른 사람들은 필사적으로 그의 다리를 붙들었습니다. 이 세상에 그 어떤 당나귀도 그처럼 심하게 버둥거리면서 힘차게 발길질을 해 대지는 않았을 것입니다.

사람들은 한동안 그를 꼼짝 못하게 붙들고 있어야 했습니다. 왜냐하면 열다섯 명 이상의 사람들이 그를 위에서 누르고는 있었지만, 계속해서 버둥거리며 주먹을 사정없이 휘둘러 대 자칫 하다가는 그에게 주둥이까지 얻어맞을 정도였기 때문입니다.

이 와중에서도 저의 주인은 설교대에 무릎을 꿇고 손과 눈을 하늘로 향한 채, 영적 진수眞髓에 완전히 몰입되어 있었습니다. 그 어떤 고함 소리도, 탄원 기도 소리도, 떠드는 소리도 그를 저 거룩한 명상에서 떼어놓을 수는 없었습니다.

몇몇 마음씨 좋은 사람들은 명상 중인 주인에게 다가가 큰 소리로 깨우며 지금 죽어 가고 있는 저 불쌍한 인간을 구해 달라고, 이미 저자는 자기의 죗값을 충분히 받았으니 지나간 일과 저 자의 죄과를 더 이상 생각지 말아 달라고 간절히 그에게 부탁했습니다. 그리고 저자가 지금 당하고 있는 고통과 어려움으로부터 저자를 구해 내기 위해 뭔가 필요한 일이 있다면 제발 하느님의 사랑으로 해 주십사 하고 청하면서, 자기들은 저자가 분명히 잘못되었고 제 주인이 옳다는 것을 눈으로 똑똑히 보았으니 이제 하느님께 말씀드려 징벌을 그만 멈추도록 기도해 달라고 간청했습니다.

주인은 마치 단잠에서 막 깨어난 듯한 표정을 지으며 그윽한 눈으로 그 죄인과 주위에 있는 사람들을 찬찬히 둘러보았습니다. 그러고 나서 목소리에 무게를 실어 말했습니다.

"믿음의 형제 여러분, 우리 하느님께서 너무나도 분명하게 당신의 뜻을 나타낸 사람을 위해서 우리가 절대로 기도해서는 안 됩니다. 그러나 하느님께서 악을 악으로 갚지 말라 하셨고 죄인을 용서하라 하셨기에,[4] 하느님께서 우리에게 명령하신 것을 이루게 해 달라고, 그리고 하느님에 대한 신성한 믿음에 장애물을 놓아 하느님을 모욕한 이 사람을 이제는 용서해 달라고 기도해야 할 것 같습니다. 자, 이제 우리 모두 하느님께 간구하십시다."

이렇게 설교를 한 후 그는 설교대 밑으로 내려와, 만일 하느님께서 이 사람의 크나큰 범죄로 인하여 귀신이 들어오도록 허락하셨다면, 우리 주님께서 은혜를 베푸셔서 이제 그 안의 귀신을

4 성경 마가복음 11장 25절 참조. "서서 기도할 때에 아무에게나 혐의가 있거든 용서하라. 그리하여야 하늘에 계신 너희 아버지도 너희 허물을 사하여 주시리라 하셨더라."

쫓아내시도록, 또 이 죄인을 용서하셔서 그에게 건강과 맑은 정신을 되돌려 주기를 간절히 기도하라고 그곳에 있던 사람들 모두에게 권면하는 것이었습니다.

모두들 무릎을 꿇고 성직자들과 함께 제단 앞에서 나직한 목소리로 탄원 기도문을 외우기 시작했습니다. 이 기도문을 외운 후, 주인은 십자가와 성수를 가지고 와서 하늘을 향해 손을 모은 다음, 눈은 거의 흰자위만 보일 정도로 이상하게 치뜨고, 아주 신심이 돈독한 사람이나 할 긴 기도를 하기 시작했습니다. 이 기도는 그곳에 있는 모든 사람들을 울렸습니다. (고난주간에 설교자와 믿음 좋은 청중 사이에서 늘 있어 왔던 그런 광경이었지요.) 그는 저 죄인이 죽임을 당하는 것을 원치 않으며, 자신이 진정 원하는 것은 죄인이 죄의 길에서 돌이켜 생명을 얻는 것이라고 우리 주님께 간구했습니다.[5] 그리고 마귀에 사로잡혀 죽음과 죄의 길에 들었던 저 죄인이 죄를 뉘우치고 회개할 수 있도록 저를 용서해 주시고 생명과 건강을 회복해 주십사 하고 간절히 구했습니다.

기도를 마친 후 그는 면죄부를 가져오게 한 다음 그것을 포졸의 머리 위에 놓았습니다. 그러자 포졸이 조금씩 상태가 좋아지

5 성경 에스겔 33장 11절 참조. "나는 악인이 죽은 것을 기뻐하지 아니하고 악인이 그 길에서 돌이켜 떠나 사는 것을 기뻐하노라." 이 구절은 종교재판에서 고소당한 사람들을 용서할 때 주로 쓰는 문구였다.

더니 제정신으로 되돌아오는 것이었습니다. 기억을 완전히 회복하자 그는 제 주인 발밑에 엎드려 용서를 빌었습니다. 그러면서 자기가 지금까지 했던 모든 말이 마귀의 입과 명령에 따라 행해진 것이라고 자백을 했습니다. 첫째로는 주인에게 해를 입히고 어젯밤의 일로 생긴 마음의 분노를 복수를 통해 풀고자 그렇게 했던 것이고, 둘째로는—사실 이것은 보다 근본적인 것인데—사람들이 면죄부를 사게 됨으로써 받는 축복으로 인해 마귀가 엄청난 타격을 받을까 봐 이를 막기 위해 그렇게 했던 것이라고 고백했습니다.

주인은 그를 용서했고, 그들 사이에 우호적인 분위가 조성되었습니다. 그러자 사람들이 몰려와 면죄부를 사기 시작했습니다. 남편, 아내, 아들, 딸, 하인, 하녀 할 것 없이 그곳에 생명 있는 사람들 중 면죄부를 사지 않은 사람이 거의 없을 정도로 판매는 대성황이었습니다.

이 새로운 소식은 곧 인근 마을로 퍼져 갔습니다. 그래서 우리가 그곳에 도착하자, 교회에 가 설교할 필요도 없이 마을 사람들이 우리가 묵고 있는 여관으로 몰려와 면죄부가 마치 공짜로 나눠 주는 무슨 싸구려 배(梨)나 되는 것처럼 서로들 달라고 난리를 치며 야단을 떨었습니다. 이렇게 해서 우리가 방문한 그 근처의 열 내지 열두 마을에서 저의 주인은 설교 한마디 하지 않고 수천 장의 면죄부를 팔았습니다.

제 죄를 고백하건대, 그가 여러 사람들 앞에서 하는 것을 보고, 사실 저도 깜짝 놀랐고 다른 많은 사람들처럼 기적이라 믿었습니다. 그런데 나중에 주인과 포졸이 껄껄대고 웃으며 사람들을 비웃는 것을 보고, 이것이 사업상 이루어진 것이며 철저히 제 주인의 꾀와 계략에 의해 조작된 사기극이었다는 것을 깨닫게 되었습니다.

다른 지역에서는 이런 일도 있었습니다. 저는 그 지역 주민들의 명예를 위해 이름을 밝히지는 않겠습니다. 일인즉슨 주인이 두 번, 세 번이나 면죄부에 대해 설교를 했음에도 불구하고 여전히 사람들이 그것을 사려 하지 않는 것이었습니다. 이것을 본 저의 주인은 교활하게도 이번 면죄부는 특별한 것이라 그 효력이 한 번에 끝나는 것이 아니라 1년간 지속될 수 있는 것이라 강조했습니다. 그러나 사람들은 미동도 하지 않고 오히려 더욱 더 냉담해지는 것이었습니다. 그러자 주인은 그 지역에서 면죄부 판매를 중단하고 그곳을 떠나기로 작심하고, 고별 설교를 할 테니 종을 쳐 마을 사람들을 모아 달라고 했습니다. 설교를 마치고 작별 인사를 한 그는 설교대에서 내려오기 전에 서기와 몇 개의 자루를 메고 있는 저를 불렀습니다. 그러고는 우리를 설교대의 첫 번째 계단까지 올라오라고 일렀습니다. 주인은 또 포졸에게서 그가 손에 들고 있는 것들을 받아 내가 자루 속에 넣어 가지고 있는 면죄부들과 함께 자기 발 옆에 놓았습니다. 그는 웃음

띤 얼굴로 설교대로 다시 돌아가 다음과 같이 말하면서 면죄부를 열 장씩 스무 장씩 사방에 뿌리는 것이었습니다.

"나의 사랑하는 형제들이여, 하느님께서 여러분들의 집에 보내는 이 은혜를 어서 받으십시오. 조금도 거리낌 없이 받으십시오. 지금도 저 무어족에게 끌려가 그들의 땅에 억류되어 있는 포로들을 구원하는 사업[6]은 하느님께서 매우 기뻐하실 일입니다. 저 사람들이 우리의 거룩한 믿음을 부인하지 않고 지옥으로 떨어지지 않도록 여러분들의 조그만 적선으로 저들을 도와주는 것이 필요합니다. 다섯 번의 주기도문과 다섯 번의 성모송으로 저들이 포로생활로부터 돌아오도록 우리 기도합시다. 그리고 우리가 드리는 이 모든 것은 아직 연옥에 남아 있는 여러분들의 부모님들, 형제들 그리고 친척들에게 큰 도움이 될 것입니다. 여러분들은 곧 이 면죄부에서 이러한 것이 어떻게 역사하는지 잘 보게 될 것입니다."

마을 사람들은 이렇게 뿌려지는 면죄부를 보자, 그리고 마치

6 이 글이 쓰인 16세기는 스페인의 지원을 받은 콜럼버스가 아메리카 대륙을 발견한 후였고, 이 신대륙과의 교역이 활발한 때였다. 그래서 이 교역선을 노리는 해적들이 많았는데, 그중 대표적인 해적들이 바로 북아프리카에 살고 있는 무어인들이었다. 이 무어인 해적들은 교역선을 공격하여 상품을 탈취하고, 선원들을 포로로 잡아다 이들을 석방하는 조건으로 금품을 요구하였다. 이들을 석방시키기 위해 종교단체에서는 종종 모금 활동을 벌이곤 했다. 후의 이야기지만, 레판토 해전 후 조국에 돌아오다 해적들에게 포로로 잡혔던 세르반테스 역시 트리니티 수도회 신부들의 모금 활동으로 석방된 적이 있다.

하느님의 손에서 내려오는 선물처럼 공짜이기도 하자, 우르르 몰려들어, 아직 요람 속에 누워 있는 갓난애나 죽은 사람들의 숫자까지 포함시켜, 자기들의 자식들로부터 나이 어린 하인들의 숫자를 손가락으로 세어 가면서 면죄부를 될 수 있는 대로 많이 주워 가려고 하는 것이었습니다. 사람들이 어찌나 달려드는지 하마터면 제가 입고 있던 낡고 오래된 겉옷 한 벌이 찢겨 나가 못쓰게 될 뻔했습니다. 어르신께 분명히 말씀드리지만 한 시간이 조금 지나자 자루에 있던 모든 면죄부가 동이 나 여관으로 더 가지러 가야 할 정도였습니다.

모두가 면죄부를 집어든 것을 보자 주인은 설교대에서 자신의 서기와 마을 서기를 불러 일어나라고 했습니다. 그러고는 누가 저 거룩한 면죄부의 은혜로운 사면과 용서의 축복을 받을 대상인가, 그리고 하느님이 누구를 자기에게 보냈는지를 잘 알 수 있도록 기록해 두라고 했습니다.

그러자 모두들 혜택을 받은 사람들, 즉 자녀들, 하인들 그리고 죽은 사람들의 이름을 순서대로 대면서 기꺼이 자기가 취한 면죄부 수를 말하기 시작했습니다.

명단이 작성되자 주인은 그곳에 모인 촌장들에게 부탁하기를, 이제 자기는 다른 곳에서도 일을 해야 하기 때문에 서기에게 명령을 내려 명단과 면죄부 판매 기록에 관한 증명서를 자기에게 주도록 부탁했습니다. 서기의 보고에 따르면 그 수는 2000이 넘었습니다.

이 일을 마치자 그는 사랑과 평안이 넘치는 얼굴로 그들에게 작별을 고했습니다. 이렇게 해서 우리도 그곳을 떠났습니다. 그러나 떠나기 전, 주인은 교회의 수석사제와 중앙에서 그 지방으로 파견 나온 관리들로부터 그 면죄부가 어머니 뱃속에 있는 애들에게도 효력이 있는지를 질문 받았습니다.

그 질문에 주인은, 자기가 연구한 바에 따르면 그것은 힘들 것이라고 대답했습니다. 사실 그 문제는 자신보다 그 문제를 더 많이 연구한 박사님들에게 물어보아야 하겠지만, 그 일을 해 오면서 자기가 느낀 바로는 힘들다는 것이었습니다.

우리는 그 마을을 떠나 사업의 성공을 자축하며 아주 기분 좋게 길을 떠났습니다. 저의 주인은 서기와 포졸에게 이렇게 말했습니다.

"자네들 어떻게 생각해? 저 촌놈들 말이야. 우리가 한번 정통 가톨릭교인[7]이라고만 말하면, 자선 행위도 않고, 기부도 하지 않고 구원받을 수 있다고 생각하다니? 오, 파스카시오 고메스 학사[8]여! 그대의 수고로 열 명 이상의 포로들이 풀려나게 되었나

7 이 말을 뜻하는 스페인어 단어는 'cristiano viejo'. 원래 이 말은 스페인에 침입한 아랍 사람들과 유대인들이 스페인에서 추방당한 후, 남아 있는 가톨릭 개종자들, 'converso'와 구별되는 말로 개종자가 아닌 정통 가톨릭교인을 지칭하고 있다.

8 포교사 자신의 이름을 지칭한 듯하다.

이다!"

우리 일행은 다시 발걸음을 재촉하여 톨레도 지방의 다른 쪽 끝에 있는 라 만차라는 곳을 향해 갔습니다. 그런데 갈수록 태산이란 말이 있듯이 우리가 가는 곳마다 더 완고한 사람들을 만나는 것이었습니다. 우리는 최선을 다해 면죄부를 팔았지만, 그곳에서 벌어진 두 번의 축제 중에 채 서른 장의 면죄부도 팔지 못했습니다. 주인은 손해가 막심하고 여행 비용도 많이 들자, 면죄부를 다 팔아 버리고자 하는 뜨거운 열망이 다시 불타오르기 시작했습니다. 그래서 그날 대미사 설교를 마친 뒤 다시 제단으로 가 자신이 가지고 다니는 한 뼘이 약간 넘는 십자가를 손에 쥐고, 날씨가 추워 손을 녹이려고 가져다 놓은 제단 위의 조그만 화로를 아무도 모르게 미사용 기도문집 뒤로 옮겼습니다. 그리고 아무 말 하지 않고 십자가를 화로 안에 집어넣었습니다. 미사를 마치고 축복기도가 끝나자 화로 속에 들어 있던 십자가를 손수건으로 단단히 감싼 후 오른손으로 집어 들었습니다. 그리고 왼손으로는 면죄부를 들고 제단의 마지막 계단까지 내려와 십자가에 입을 맞추는 척했습니다. 그리고 거기에 있는 모든 사람들에게 자기처럼 십자가에 경배를 드리러 나오라는 신호를 보냈습니다. 그러자 항상 그랬던 것처럼, 처음에는 촌장들이 나오고, 그 뒤를 이어 마을에서 가장 나이가 많은 어른들이 한 사람씩 나왔습니다.

맨 처음에 나온 사람은 늙은 촌장이었는데, 그가 십자가에 살짝 입을 맞추자 그만 입술을 데고 말았습니다. 깜짝 놀란 그는 질겁하며 십자가에서 입술을 떼었습니다. 이 모습을 보자 주인은 대뜸 이렇게 소리쳤습니다.

"잠깐만! 촌장님! 아니 이럴 수가, 이건 기적입니다!"

이렇게 7, 8명 되는 사람들이 십자가에 입을 맞추고 지나갔습니다. 그들이 지나갈 때마다 주인은 소리치는 것이었습니다.

"여러분, 이건 정말 기적입니다!"

입술을 덴 사람들의 숫자가 기적을 증거 하는 데 충분하다는 생각이 들자 주인은 사람들에게 더 이상 십자가에 입을 맞추지 말도록 했습니다. 그러고는 다시 제단으로 올라가 방금 전에 일어난 기적에 대해 말을 하기 시작했습니다. 그곳에 있는 사람들은 사랑이 너무 없기 때문에 하느님이 그런 기적을 보여 주었다는 것입니다. 이제 그 십자가를 주교님이 거하시는 대성당에 가지고 가, 그곳에 있는 사람들에게 이 마을에 사랑이 너무 없어 십자가가 뜨거워졌다고 말할 것이라고 했습니다.

그러자 수많은 사람들이 면죄부를 사려고 너 나 할 것 없이 한꺼번에 우르르 몰려드는 바람에 두 명의 서기들은 말할 것도 없고, 나중에는 성직자들과 성기실聖器室 총무들까지 다 동원해도 면죄부 판매대장에 기입하기가 벅찰 정도였습니다. 그날 무려 3000장 이상이 팔렸음을 어르신께 분명히 알려 드립니다.

그 후, 마을을 떠날 때, 주인은 당연하다는 듯이 아주 위엄 있는 태도로 십자가를 손에 쥐었습니다. 그러고는 그 십자가에 당연히 금박을 입힐 거라고 말했습니다. 그러자 시 당국과 그 지역 성직자들은 그곳에서 일어난 기적의 원천인 그 거룩한 십자가를 놓고 가면 그들에게 큰 기념이 될 거라고 말했습니다. 그는 이들의 말이 천부당만부당한 소리라고 일축했습니다. 그러나 이들이 너무나도 간절하게 요청하자 십자가를 그들에게 주었습니다. 대신 그들은 그들이 가지고 있던 오래된 은 십자가 하나를 주인에게 선물했습니다. 사람들은 그 십자가가 적어도 두어 근은 너끈히 나갈 것이라고 말했습니다.

우리는 십자가의 만족스러운 교환과, 사업이 잘되어 한몫 단단히 쥔 것이 너무 좋아 즐겁게 길을 떠났습니다. 그런데 지금까지 말씀드린 그의 사기 행각은 저 외에 다른 사람들은 알지 못했습니다. 왜냐하면 미사가 진행될 당시 저는 지금까지 해 왔던 대로 혹 헌금 그릇에 남아 있는 것을 헌금 통에 넣기 위해 제단 가까이로 올라갔는데, 그때 진상을 목격하게 되었던 겁니다. 그는 거기서 저를 보자 손가락을 입에 대며 조용히 하라는 신호를 보냈습니다. 저는 잠자코 있었습니다. 사실 저는 그 사기 기적을 본 후, 그것을 입 밖으로 내뱉을 수가 없었습니다. 저 교활한 주인의 보복이 두려웠기 때문입니다. 저는 그 사실을 아무에게도 말하지 못했고 또 그 말이 입 밖으로 나오지도 않았습니다. 주인은 저에게 그 건에 대해 발설하지 않겠다는 맹세를 하라고 강요했고, 오늘날까지도 저는 그 맹세를 줄곧 지켜 왔습니다.

비록 저는 어린 나이였지만 씁쓸한 웃음을 금할 수 없었습니다. 그래서 이렇게 중얼거렸습니다. '이 사기꾼 같은 놈이 대체 얼마나 저 순진한 사람들을 속여먹을 것인가!'

저는 이 다섯 번째 주인과 약 4개월여를 함께 있었는데, 참으로 괴롭고 피곤한 나날들이었습니다.

제6장
라사로가 어느 전속사제를 만나게 된 경위와 그와 더불어 일어난 사건들

이런 일이 있은 후, 저는 작은 북에다 그림을 그리는 화가를 만나 물감을 갈아 주는 일을 하게 되었는데,[1] 역시 저는 많은 고통을 당해야만 했습니다.

그때 이미 저는 늠름한 청년이 되어 있었죠. 어느 날 대성당에 들어가다가 그 성당의 전속사제를 만났고, 그는 저를 자신의 하인으로 삼아 주었습니다. 그는 저에게 당나귀 한 마리와 물 양동이 네 개, 그리고 채찍 하나를 주었습니다. 그 도시 사람들에게 물 길어 파는 물장수 일을 시작하게 한 거지요.

이 일은 제가 보다 나은 수준의 삶을 살기 위해 올라선 첫 번째 계단이 되어 주었는데, 이는 제 목소리가 이 일을 하기에 아주 적격이기 때문이었습니다.[2] 저는 매일 30마라베디를 주인에게 갖

---

1 당시에는 물감의 재료를 가루로 만들어 물에 타서 사용했다.

2 물장수들은 물을 팔기 위해 큰 목소리로 외쳐 대야 했다. 라사로는 이 일을 아주 잘해 내었다는 뜻이다.

다 주었고, 토요일에 버는 돈은 제 몫이었습니다. 주 중에도 30 마라베디 이상을 벌게 되면 남는 돈 역시 제 몫이었습니다.

사업은 아주 잘되어 갔습니다. 일을 한 지 4년이 지나자 상당한 양의 수입을 얻게 되었고, 이제는 품위를 지키기 위한 옷 한 벌이라도 사 입어야겠다는 생각이 들어 저축을 했습니다. 그렇게 해서 오래된 면넬[3] 조끼 하나와 술이 달리고 앞이 터진 소매가 있는 닳아빠진 겉옷 한 벌, 보풀이 일어난 망토 한 벌과 쿠에야르[4]에서 초기에 생산된 낡은 도검 한 자루를 샀습니다.

이처럼 훌륭한 모습으로 치장을 한 저는 주인에게 당나귀를 돌려준 후 더 이상 그 일을 하지 않겠다고 말했습니다.

---

3 한쪽만을 다듬은 비로드의 한 가지.

4 도검 생산으로 유명한 세고비아주의 한 도시.

제7장

라사로가 포졸을 만나게 된 경위와 그와 더불어 일어난 사건들

전속사제와 헤어진 후 저는 행형行刑 쪽 사람을 통해 포졸 한 명을 만나게 되었습니다. 그런데 그의 업무 자체가 위험한지라 그와는 얼마 동안밖에 함께하지 않았습니다. 그와 함께 있을 때 일어난 특별한 사건 하나를 말씀드리겠습니다. 어느 날 밤이었습니다. 도망을 다니던 도피자 몇 명이 몽둥이를 들고 돌팔매질을 하면서 우리를 기습해 왔습니다. 그들을 잡으려고 기다리고 있던 저의 주인이 오히려 그들에게 혼쭐이 난 것입니다. 다행히 저까지는 그자들의 손길이 미치지 못했지만, 이 일 후 저는 포졸과 함께 다니는 일을 그만두게 되었습니다.

그러고 나서 저는 생각했습니다. 말년에 편히 지내기 위해 뭔가 좀 벌어 놓을 일이 없을까 하고 말입니다. 하느님께서는 한 가지 생각을 떠오르게 해 주셨고 저에게 도움이 되는 방법으로 길을 인도해 주셨습니다. 그래서 여러 친구들과 어르신들의 도움을 받고 그동안 제가 했던 여러 가지 수고에 대한 보답으로 제가 원했던 것을 얻게 되었습니다.

이 일은 일종의 공무公務인데, 이 일을 하지 않고서는 성공할 사람이 아무도 없을 것이라는 생각에서 선택하게 된 것입니다. 사실 이 일로 저는 오늘날까지 먹고 살고 있으며 하느님이나 어르신께 나름대로 본분을 다하고 있다고 생각합니다. 즉, 저는 이 도시에서 팔리는 포도주와 경매 물건들, 그리고 분실물들을 알려주고 관헌에 쫓기는 사람들을 추적하여 그들의 죄상을 큰 소리로 고발하는 일을 했습니다. 쉽게 말하면, 일종의 시의 포고 담당 공무원이 되었던 거지요.

이 일을 수행하던 중 어느 날, 우리가 톨레도에서 도둑 하나를 목매달았을 때 저는 스파르트로 된 튼튼한 밧줄을 가지고 갔는데, 그때서야 비로소 옛날 장님이 에스칼로나에서 제게 한 말의 의미를 깨달을 수 있었습니다. 저는 그 순간 저에게 많은 것을 가르쳐 주었음에도 불구하고 제가 너무 그에게 잘못 보답했다는 생각이 들었고 이어 죄책감이 밀려왔습니다. 진정 그는 오늘날 제가 이 자리에 오를 수 있도록 하느님 다음으로 많은 기술을 가르쳐 준 사람이거든요.

모든 것이 순풍에 돛을 단 듯 잘되어 갔습니다. 저는 제 자리를 최대한 이용했습니다. 거의 모든 일들이 제 손을 거쳐 갔습니다. 도시 전 지역에서 누구든지 포도주나 기타 무언가를 팔려고 하면 저, 라사리요 데 토르메스의 동의를 거쳐야 했습니다. 그렇지 않으면 이익을 남길 수 없었습니다.

그즈음에, 저의 주인이자 어르신의 친구이신 산살바도르 교구[1] 수석사제께서 저의 능력과 활동을 보시고, 또 저에 대한 소문을 들으시고–저는 그분의 포도주를 경매해 드린 적이 있습니다–그분의 하녀와 저를 맺어 주려고 하셨습니다. 저는 그의 제의가 결코 손해될 것이 없다는 생각에서 수락을 했습니다. 이렇게 해서 저는 그녀와 결혼을 하게 되었고 지금까지 그 결혼에 후회가 없습니다. 제 집사람은 마음씨 좋고 부지런하며, 또 저 역시 집사람을 통해 수석사제님으로부터 많은 혜택을 받고 있기 때문입니다.

해마다 그분은 밀을 한 짐씩이나 제 집사람에게 보내 주었고 성탄절이나 부활절 등 명절 때에는 고기를, 그 외에도 가끔씩 성전에 바치는 빵이나 낡은 양말들을 주시곤 했습니다. 나아가서 그분은 자기 집 가까이에 조그마한 집을 세내어 우리로 하여금 그곳에 살도록 해 주셨습니다. 그리고 주일이나 축제 때마다 거의 매번 그분 댁에서 우리 부부는 식사를 함께했습니다.

그러나 호사다마好事多魔란 말이 있듯이 여러 가지 좋지 않은 소문들이 우리를 편히 살도록 내버려 두지 않았습니다. 사람들

1 산살바도르 교구: 앞서 언급한 『톨레도 일지』의 저자 우르타도 데 톨레도는 산살바도르 교구가 비록 작기는 하지만 부유하고 고귀한 사람들이 많이 살고 있으며, 멋들어진 무덤들이 많이 있다고 기록하고 있다.

은 저에게 은근슬쩍 집사람이 사제님 댁에 가서 그분의 침대를 정리해 주고, 그분에게 음식을 만들어 주는 걸 보았다고 말들을 하는 것이었습니다. 제발 하느님께서 그들이 바른 말을 하도록 도와주셨으면 합니다.

사실, 이 시기에 몇 가지 의심이 갈 만한 일들도 있었습니다. 밤늦게까지 아니 새벽 기도 시간까지 집사람이 들어오지 않아 그녀를 기다리느라 저녁 식사를 망친 일이 몇 번 있기도 했고, 그와 비슷한 일들이 그 뒤에도 몇 차례 더 있었습니다. 그러자 에스칼로나에서 장님이 뿔을 잡고 제게 했던 말이 떠올랐습니다. 사실, 이때 마귀란 놈이 제가 잘못 결혼했구나 하는 생각을 제 뇌리 속에 집어넣지 않은 것은 아닙니다. 그러나 그럴 때마다 저는 그 생각을 황급히 쫓아 버리곤 했습니다.

왜냐하면 집사람은 이러한 못된 소문의 대상이 될 수 있는 그러한 여자도 아닐뿐더러, 저의 주인인 수석사제께서 제가 생각하는 것이 옳다는 것을 여러 번 다짐시켜 주셨기 때문입니다. 어느 날 그분은 저와 집사람을 불러 앞에 놓고 일장 연설을 하셨습니다.

"라사리요 데 토르메스, 세간에 떠돌아다니는 좋지 않은 말들에 대해 신경을 쓰는 사람은 절대 성공을 못하네. 내 집에 드나드는 네 처를 보고 이러쿵저러쿵 말들이 많은 모양인데 나는 조금도 개의치 않아. 그래서 네게 이런 말을 하는 거야. 네 처는 네

명예와 자신의 명예를 위해 아주 조신하게 행동하고 있어. 그러므로 너는 사람들이 말하는 것에 조금도 신경을 쓰지 말고, 분명히 말하지만, 너에게 돌아올 이익만 생각해."

"주인님, 저는 만사를 좋게만 생각하기로 결심했습니다. 사실 제 친구들이 여러 번 그 이야기를 한 것은 사실입니다. 그리고 아내가 제 앞에 있음에도 존경하는 주인님께 감히 말씀드리지만, 제 아내가 저와 결혼하기 전 이미 세 번이나 애를 낳은 경험이 있다고 세 번 이상이나 친구들이 저에게 말을 해 준 적도 있습니다."

그때 갑자기 제 집사람이 "그래, 정말 그 말이 맞아!" 하고 소리쳤습니다. 저는 속으로 '이제 난리가 났구나.' 하고 생각했습니다. 소리친 후, 그녀는 울음을 터트리면서 저를 그녀와 결혼시켜 준 주인을 향하여 저주의 말을 내뱉는 것이었습니다. 그 말이 어찌나 심했던지 그 포문이 저를 향해 돌려지기 전에 차라리 내가 죽어 버렸으면 하는 심정이었습니다. 그러나 저도 산전수전 다 겪은 놈이고, 저의 주인 역시 그에 못지않은지라 그녀를 달래고 달래서 울음을 그치도록 했습니다. 그러고는 저 역시 다시는 그러한 이야기를 제 생전 입 밖에 내지 않겠다고 맹세하고, 밤이고 낮이고, 그녀가 나가든 들어오든, 정말 상관하지 않겠다고 말했습니다. 그리고 저는 진정 그녀의 착한 마음씨를 믿는다고 힘주어 말했습니다. 이렇게 해서 우리 셋 모두는 의견의 일치를 보았습니다.

오늘날까지 한번도, 어느 누구도 그 일을 우리들에게 언급한 사람이 없었습니다. 전에 딱 한 번 어떤 친구가 우리의 그 일을 암시하는 듯한 이야기를 하자, 저는 그의 말을 막고 다음과 같이 분명히 이야기를 했습니다.

"여보게, 만일 자네가 내 친구라고 생각되거든 제발 나를 괴롭히는 말은 하지 말아 주게. 나는 나를 괴롭히는 자를 친구로 삼고 싶지 않네. 특히 내가 이 세상에서 그 어느 것보다 더 사랑하고, 내 몸보다도 더 사랑하는 내 아내에 대해 이러쿵저러쿵 말하는 것이 나는 제일 싫어. 하느님께서는 내 아내를 통해 나에게 넘치는 복을 주시고 계신다네. 나 같은 놈은 그녀의 발끝에도 미치지 못해. 거룩한 성체를 두고 맹세하건대 그녀는 이 톨레도 성문 안에 살기에 너무나 적당한, 좋은 여자야. 만일 어느 누구든 이상한 말을 하면, 나는 죽도록 그와 싸우겠네."

이 일이 있은 후로는 그 어느 누구도 우리 집에 대해 왈가왈부하는 자가 없었고, 이렇게 해서 우리 가정은 평화를 찾았습니다.

어르신께서도 들으셨겠지만, 이 일이 일어난 해는 바로 저 우리의 승리자 황제 폐하께서 이 유서 깊은 도시 톨레도로 거처를 정하셔서, 경사가 넘치던 바로 그해였습니다.[2] 이때가 제가 번영

2 이해는 1525년으로, 당시 스페인 황제 카를로스 1세가 톨레도에 그의 거처를 정하였다. 사실 이때까지는 수도(首都)의 개념이 없었다. 지금의 스페인 수도 마드리드가

을 누린 제 인생 최고의 해였습니다.

상시 수도가 된 것은 카를로스 1세의 아들 펠리페 2세 이후의 일이다. 그러므로 그전에는 왕이 머무르는 곳이 바로 그 나라의 수도였다.

작품 해설

스페인 최초의 사실주의 소설로 알려져 있는 『라사리요 데 토르메스의 삶, 그의 행운과 불운』(*La vida de Lazarillo de Tormes y de sus fortunas y adversidades*)은 1554년에 그 초판이 나왔다. 작가의 이름이 기록되지 않은 이 작품의 출현으로 스페인 문학은 '피카레스크 소설(Novela Picaresca)'이라는 새로운 장르를 갖게 되며, 이 장르가 갖는 사실성은 스페인 문학을 특징짓는 중요한 요소로 작용한다. 물론 40여 년 뒤 본격 피카레스크 소설인 마테오 알레만Mateo Alemán의 『구스만 데 알파라체』(*Guzmán de Alfarache*)가 등장하지만, 『라사리요 데 토르메스의 삶, 그의 행운과 불운』이 여러 면에서 이 장르의 출발이라는 것은 아무도 부인하지 못한다.

주인공의 성격을 지칭하는 '피카로pícaro'라는 말에서 연유된 '피카레스크 소설'은 스페인 소설사의 한 획을 긋는 중요한 장르라고 말할 수 있다. 이 시기에 스페인을 비롯한 유럽의 대부분의 소설들은 약간 황당무계한 흥미 위주 이야기를 벗어나지 못하고 있었다. 이때 '피카로pícaro' 혹은 '피카라pícara'로 불리는 소년이나 소녀가 겪는 여러 가지 삶의 경험들을 통해 당시 사회의 실상을 사실적으로 묘사한 이 소설이 등장했다. 이 소설은 '재미있는 이야기나 도덕적·교훈적 이야기'에 머물러 있던 당시 소설의 범주를 벗어나 삶에 보다 가깝게 접근하여 삶의 진솔한 목소리를 전달해 주고 있다는 점에서 현대성을 향해 진일보한 모습을 보여 주고 있다.

그러나 '피카레스크 소설'의 언어적 기원을 이루는 '피카로'란 단어는 『라사리요 데 토르메스의 삶, 그의 행운과 불운』을 비롯하여 피카레스크 소설 그 어디에도 등장하지 않는다. 그리고 한 번도 작중인물들이 이 단어를 사용하여 자신을 지칭한 적도 없다. 그러므로 이 단어는 후대의 소설 연구자들이 만들어 내었을 가능성이 크다. 이 단어는 '새의 부리'를 뜻하는 'pico'에서 왔으며, 이 단어에서 파생한 동사 'picar'는 '부리로 쪼아 대다', '찌르다'란 의미를 가지고 있다. 그러므로 '피카로pícaro'는 이러한 의미로 미루어 볼 때 생각이나 행동으로 다른 사람들을 '쪼아 대는' 혹은 '찌르는', 다시 말해 다른 사람들을 괴롭히는 교활한 생각이나 행동 혹은 그러한 짓을 하는 사람으로 유추가 된다. 실제 이 단어는 형용사로서 '천박하다', '뻰뻰스럽다', '해를 끼치는 데가 있다', '불량기 있다'는 의미를 가지고 있으며, 이것이 명사화되었을 때에는 '천박하고 뻔뻔스럽고 다른 사람에게 해를 끼치며 불량기 있는 행동을 하는 사람'의 뜻을 갖게 된다.

'피카레스크 소설'은 그 언어적 연원에서 미루어 볼 수 있듯이 주인공인 '피카로'가 작품의 거의 모든 성격을 지배하는 소설이다. 이 소설은 거의 모든 경우 일인칭 자전적 형식을 갖추고 있으며, 여러 일화들이 병렬적으로 연결되어 있고, 각 일화 사이에는 아무런 연관 관계가 없다. 오직 주인공만이 이 일화들을 연결해 주는 고리의 역할을 하고 있을 뿐이다. 주인공 '피카로'는 보통 하층 계급 출신으로 주로 '굶주림'을 모면하기 위해 여러 비천한 직업을 전전한다. 그리고 경우에 따라서는 남을 속여 먹기도 하고 남의 것을 훔치기도 한다. 또 살아남기 위해서는 여러 모양으로 변신하기도 한다. 이러한 변신은 처음에는 생존을 위한 어쩔 수 없는 몸부림으로 시작되지만, 후에는 자신을 받아 주지 않는 사회에 대한 분노와 절망감으로 점점 사회의 냉소적인 반항아로 변하게 되고 도덕적 양심을 상실한다. 그리하여 죄를 지으며 헤매는 인간의 상징이 된다. 따라서 '피카로'는 항상 움직인다. 물론 종국에는 가정과 사회에 안착하는 모습으로 그려지기도 하지만 '변신'과 '방황'이 피카로의 주된 특징이 된다. 그러므로 이러한 특징들, 즉 일인칭 자전적 구조, 로망스 계열의 소설과 대조되는 하층 계급 출신의 이른바 '반주인공(Anti-héroe)'의 주도적 역할, '배고픔'을 해결하기 위한 주인공의 '방황'과 '변신', 여러 부류의 주인과의 만남을 통한 인간 군상群像의 실상 고발 등이 지배적으로 나타날 때 우리는 이 소설을 '피카레스크 소설'이라 부를 수 있다.

『라사리요 데 토르메스의 삶, 그의 행운과 불운』과 본격적인 '피카레스크 소설'인 『구스만 데 알파라체』 사이에는 약 40여 년의 시간적 거리가 있다. 그러므로 『라사리요 데 토르메스의 삶, 그의 행운과 불운』을 본격 '피카레스크 소설'의 범주 안에 넣는 데는 무리가 있다. 하지만 위에서 언급한 '피카레스크 소설'을 결정짓는 제 요소들이 『라사리요 데 토르메스의 삶, 그의 행운과 불운』에서 대부분 나타나는 것으로 볼 때 이 작품이 '피카레스크 소설'의 효시 성격을 갖고 있다는 것은 분명한 사실이다. 다만 시간적으로 르네상스(『라사리요 데 토르메스의 삶, 그의 행운과 불운』)와 바로크(본격 '피카레스크 소설')의 차이에서 오는 몇 가지 특징이 이 둘 사이를 나누고 있을 뿐이다. 예를 들어 『라사리요 데 토르메스의 삶, 그의 행운과 불운』에 나타나는 당시 사회 지도층인 가톨릭 사제들의 위선적 모습을 고발하는 '반승려주의(anticlericalismo)'나 역시 르네상스 인생관에서 비롯되는 '순응주의적인 긍정적 인생관'이 훗날 바로크의 본격 '피카레스크 소설' 주인공들이 보여 주는 '허무주의적 인생관'과 다르게 나타날 뿐이다. 『라사리요 데 토르메스의 삶, 그의 행운과 불운』의 문학적 특징을 개괄해 보면 다음과 같다.

일인칭 자전적 구조

『라사리요 데 토르메스의 삶, 그의 행운과 불운』의 사실성은 이 소설이 일인칭 자전적 구조를 취하고 있는 것과 밀접한 관계가 있다. 정부의 포고령을 큰 소리로 알리며 다니는 라사로라 하는 한 젊은이가 자신의 과거를 어르신이라 불리는 높은 신분의 위치에 있는 사람에게 편지 형식으로 고백하는 이 소설은 자전적 구조(estructura autobiográfica)가 갖는 핍진성(verosimiltud)을 작가가 십분 활용하고 있음을 잘 나타내 주고 있다. 작가는 독자에게 사실감을 심어 주기 위해 하나의 테크닉으로서 자전적 구조를 취하고 있는 것이다. 소설에서 사실성이란 반드시 역사적·지리적 사실만을 의미하지 않고 이른바 '소설적 사실'이라고 일컫는 '사실처럼 보이는 것'도 이 범주에 들어간다. 이런 점에서 이 소설의 작가는 이러한 구조를 사용함으로써 독자들에게 생생한 현실감을 전달하고자 하는 그의 의도를 어느 정도 달성했다고 볼 수 있다.

주인공의 신분

독자와의 거리를 좁히고자 하는 작가의 노력은 이전의 소설에서는 볼 수 없는 또 하나의 특징을 이 소설에 제공하고 있다. 그것은 주인공이 갖는 신분이다. 이전의 소설들이 대부분 왕이나 귀족 등 고귀한 신분의 주인공을 설정하고 있는 반면에 이 소설은 주인공을 이른바 '피카로pícaro'라고 불리는 천한 신분의 소년으로 설정하고 있다. 왕이나 귀족들이 일반 서민들과 쉽사리 접촉할 수 없는 저 멀리 존재하고 있는 이들이라면, 이 소설에서 등장하는 주인공은 언제나 어디서나 흔히 볼 수 있는 그러한 신분의 소유자이다. 주인공뿐 아니라 등장하는 인물 모두 당시 스페인의 서민 사회에서 쉽사리 접할 수 있는 이들로서, 독자들은 얼마든지 그들의 모습 속에 자신을 투영할 수 있고 어렵지 않게 공감대를 형성할 수 있게 된다. 즉 작가는 이러한 작중인물들이 꾸미는 여러 가지 일화를 먼 나라 이야기가 아니라 독자들의 일상적 삶 가운데 얼마든지 일어날 수 있는, 일어나고 있는 이야기로 만듦으로써 독자의 관심을 이끌어 들인다. 비록 꾸민 이야기지만 대중 사이에 널리 유포되고 있는 여러 이야기를 마치 사실처럼 느끼도록 만드는 것이 이 소설의 작가가 갖는 소설가로서의 탁월성이라고 말할 수 있다.

소설적 주제로서의 배고픔

배고픔은 인간의 가장 원초적 욕망의 표현이며 실존적 욕구라고 말할 수 있다. 그러므로 이 배고픔에 의해 지배당하는 주인공의 모습 속에서 독자들은 강한 생명력을 느끼고 같은 생명체로서 쉽사리 공감대를 형성하게 된다. 그리고 살기 위해 어쩔 수 없이 비도덕적인 일을 해야만 했던 주인공에 강한 동정심을 갖게 된다. 어느 누구도 그와 같은 처지에 있으면 그렇게 될 수밖에 없을 것이라는 의식은 주인공과 자신을 동일시하는 결과를 낳게 되고 이러한 공감대는 작품의 현실감을 더욱 크게 하고 있다. 따라서 이 작품은 현실과의 괴리 속에서 움직이는 당시의 기사소설이나 목가소설과는 근본을 달리한다. 이들 소설이 갖는 비현실성은 삶에 대한 진정한 메시지가 없이 그저 흥미만 제공해 줄 뿐이다. 그러므로 이들 소설은 수명이 짧다. 단지 시간을 보내기 위한 소일거리로서 이 소설들의 용도가 결정될 뿐이다. 그러나『라사리요 데 토르메스의 삶, 그의 행운과 불운』은 소일거리용 소설은 아니다. 삶의 진한 현실감 속에서 이 소설의 작중인물들은 움직이며, 그렇기 때문에 나도 그들 중의 한 사람이 될 수도 있다는 생각이 독자를 이 소설에 최대한 근접시키고 소설 속에 들어가도록 만든다. 그래서 작중인물들과 함께 울고, 함께 웃으면서 소설 속의 삶을 살아가는 것이다. 이 사실감, 이 현실감이야말로 이 소설이 갖는 생명력의 기본 동인이 되고 있는 것이다.

라사리요의 순응주의적 인생관과 휴머니즘

이 소설에 비친 라사리요의 모습은 훗날 본격적인 피카레스크 소설의 주인공들이 보여 주는 어둡고 악하고 부정적인 모습과는 다르다. 비록 그는 인생을 밝은 모습으로 볼 수 없는, 눌리고 억압당하는 위치에 있었지만, 그래서 인생을 얼마든지 부정적으로 볼 수 있었지만 그는 결코 인생을 어둡게만 보지 않는다. 그는 자신에게 닥친 운명을 거역하지 않고 담담히 맞이한다. 사물을 그대로 수용하며 자신을 둘러싸고 있는 환경 안에서 즐거워하고 만족할 줄을 안다. 자신을 괴롭히는 운명의 횡포에 맞서 싸우지 않고, 오히려 그것을 나름대로 터득한 방법을 통하여 받아들이면서 무력화시킨다. 불행은 그것을 불행으로 여기는 사람에게 불행이지 불행 안에서 행복을 찾으려고 하는 사람에게는 더 이상 불행이 될 수 없다. 라사리요는 삶을 통하여 배운 '순응주의(conformidad)'를 통해 불운한 환경 속에서도 미소를 잊지 않고 또 독자들을 어둡게 만들지도 않는다. 라사리요의 낙천주의적 인생관이 바로 여기에서 비롯된다. 끝없이 밀려오는 배고픔의 고통이 그에게 요구하는 비도덕적인 행위를 제외하고는 그에게서 부정적인 모습은 전혀 찾을 수 없다.

반승려주의(Anticlericalismo)

라사리요의 눈에 비친 주인의 모습 중에서 두드러지게 부정적으로 그려진 사람은 주로 성직자들이었다. 라사리요의 눈에 비친 이 성직자들은 하나같이 그들의 사명과는 전혀 다른 일을 하고 있거나 세속적인 욕망을 버리지 못한 자들이었다. 마세다의 신부는 지독한 구두쇠에다가 이기주의자였고, 메르세드의 수도

사는 영적인 일보다는 세속적인 일에 더욱 분주했고, 면죄부 포교사는 사기꾼이었고, 성당의 전속사제 역시 장사에 몰두했고, 산살바도르 수석사제는 도덕적으로 문제가 있었다. 이들이 비록 일반 대중을 이끄는 지도적인 위치에 있었으나 사람 됨됨이는 라사리요와 별반 다를 바가 없었다. 오히려 라사리요보다도 더욱 못한 자들이었다.

따라서 『라사리요 데 토르메스의 삶, 그의 행운과 불운』은 반승려주의(Anticlericalismo) 소설이다. 물론 이 소설이 나온 시기가 르네상스 시대였음은 잘 알아야 한다. 『데카메론』에서 나타났던 반승려주의가 이 소설에서도 나타난다. 그래서 이 소설은 종교재판의 금서목록에 올려지고 판금 조치를 당하게 된다. 아마 이러한 이유로 이 소설이 작자 미상으로 남아 있는지도 모른다. 그러나 이 작품에서 보이는 작가의 태도는 비교적 객관적이다. 작가는 라사리요를 통해서 지도층 인사들의 부패성을 객관적으로 묘사하려고 힘썼다. 가급적이면 편견을 피하고 복수라든지 증오라든지 하는 적극적인 개입을 자제하고 그들의 위선적인 행동을 담담히 그려 내고 있다. 작가는 여기에서 그들의 신분과 행동이 일치되지 않는 아이러니하고 유머러스한 분위기를 만들어 내어 미움보다는 웃음을 자아내고 있다. 다시 말한다면, 이들의 행위에 대한 풍자는 있었지만 독毒은 품고 있지 않았다. 이러한 방법으로 라사리요에 대한 독자들의 부정적인 판단을 유화시키고,

오히려 그가 섬긴 성직자들의 비도덕적이고 세속적인 모습을 더욱 부각시키고 있다.

『라사리요 데 토르메스의 삶, 그의 행운과 불운』은 출판된 당시에는 상업적인 인기를 별로 누리지 못했다. 이 책은 1600년까지 출판이 되었는데, 1554년에 세 판을 찍었고, 몇 판인지는 모르지만 1555년에도 출판한 기록이 있다. 그리고 1559년 종교재판의 금서목록에 올라간 이후 1573년에는 수정된 채로 출판이 되었고, 1587년 판은 밀라노에서 찍었다. 또 1595년에도 판을 찍은 기록이 있고, 1599년에는 두 번 판을 찍었다. 특히 1599년 판은 마드리드와 바르셀로나에서 찍었는데, 이는 같은 계열의 소설로 마테오 알레만이 쓴 『구스만 데 알파라체』의 성공에 따른 것이라는 설이 유력하다. 이 소설이 여러 가지 상업적인 성공 요인을 가지고 있었을 법한데도 별다른 성공을 거두지 못한 이유는 이 소설에 독자들이 한창 관심을 가질 무렵에 종교재판의 금서목록에 올라 관심이 지속되지 못하였기 때문이다. 1573년에 다시 판이 나왔지만 이미 그때는 이 소설에 대한 관심과 열기가 식었고, 또 일부 수정되어 판이 나왔기 때문에 원전의 맛을 그대로 살릴 수가 없었다. 그럼에도 불구하고 이 소설은 읽혔다. 특히 당시 사회의 위선적인 모습에 실망하고 분노한 일부 의식 있는 사람들이 이 소설을 읽었던 것이다. 특히 세르반테스와 마테오 알레만이 이 작품을 읽은 것은 대단한 수확이었다. 세르반테스는 그의 『모범 소설집』(*Novelas Ejemplares*)에서 이 작품을 읽은 흔적을 보여 주고 있고, 마테오 알레만은 이 작품의 주제와 형식을 연장하고 변형시켜 『구스만 데 알파라체』를 씀으로써 '피카레스크 소설'이라는 새로운 장르의 길을 열어 놓았다. 아마 이 소설이 스페인 문학사, 아니 세계 문학사에 끼친 가장 큰 공로를 들라고 한다면 훗날의 소설 발달에 커다란 영향을 미친 '피카레스크 소설'의 기원이 되었다는 점일 것이다.

'피카레스크 소설'은 20세기에 들어서도 범유럽적인, 범서구적인 현상으로 나타나고 있다. 이는 이 소설이 갖는 인간 실존을 파헤치는 사실주의적 성격과, 정신적인 고향의 상실과 사랑의 결핍에서 오는 주인공 피카로의 방황하는 모습이 현대인의 실존적 본질을 잘 대변해 주고, 많은 사람들의 공감대를 형성하고 있기 때문이다. 예측할 수 없을 정도의 빠른 속도로 변화하고 있는 현대의 삶 속에서, 현실에 뿌리내리지 못한 채 영원한 안식처를 찾아 방황하고 있는 현대인의 모습 속에서 우리는 이미 피카로적 속성을 만날 수 있으며, 그렇기 때문에 피카로는 현대소설의 영원한 주인공이 될 수 있고, 되고 있는 것이다.

그러나 이 소설이 보여 주는 문학적 특성은 『라사리요 데 토르메스의 삶, 그의 행운과 불운』에서 처음으로 시작된 것은 아니다. 특히 이 소설에서 선명히 드러나는 사실성(realismo)은 그 연원을 멀리 중세의 서사시로부터 찾을 수 있는데, 바로 그 작품이 스페인이 자랑하는 대서사시『엘 시드의 노래』(*Cantar de Mío Cid*)이다. 그리고 그 이후의 부르주아지 사랑 미학의 결정판인『좋은 사랑의 이야기』(*Libro de Buen Amor*)와 대화체 소설인『셀레스티나』(*La Celestina*)에 면면히 흐르고 있는 사실주의적 전통이 이 소설에 이어진 것이다. 이 사실주의적 전통은 스페인 문학을 다른 유럽 문학과 구분시키는 특징적 요소이기도 하다. 그러므로 이 작품은 이 전통을 선명히 드러냄으로써 가장 스페인적인 문학의 멋과 맛을 우리에게 제공해 주고 있다고 말할 수 있다.

참고로 한글 번역의 대본은 바르셀로나 자치대학교(Universidad Autónoma de Barcelona) 교수인 알베르토 블레쿠아Alberto Blecua의 비평본(批評本, edición crítica)인『*La vida de Lazarillo de Tormes y de sus fortunas y adversidades*』(Madrid, Castalia, 1987)이며, 편집자인 블레쿠아 교수의 해설과 주석을 참조하였음을 밝혀 둔다.

옮긴이의 말

『라사리요 데 토르메스의 삶, 그의 행운과 불운』을 내가 접한 때는 1980년대 스페인 마드리드 대학 유학 시절이었다. 이 작품은 초판본이 1554년에 나왔으니 시기적으로 16세기 중반에 속한다. 그런데 이 소설에는 당시 소설과 유형을 달리하는 특이함이 있었다. 그 무렵 대부분의 소설이 현실과 동떨어진 꿈속에서나 볼 수 있는 이야기들, 신파조의 사랑 이야기, 그리고 허무맹랑한 무용담으로 가득 차 있어 현실성이 결여된 반면, 이 작품에는 바로 나에게서, 내 이웃에게서 얼마든지 발생할 수 있는 그러한 사실감이 뚜렷했다. 이 점이 나의 관심을 끌었다. 나의 흥미를 자극한 또 하나의 이유는 16세기 중반, 스페인이 한창 대제국을 이루고 유럽을 호령하고 있을 때에, 어두움에 가려진 스페인 제국의 또 하나의 실체를 볼 수 있었다는 점이다. 대제국 스페인의 숨겨진 또 다른 측면이 이 소설 특유의 사실주의 기법으로 마치 신문을 읽는 것처럼 생생하게 전달된 것이다.

진정 이 작품에는 당시에 보기 힘든 색다름이 있다. 당시 대부분 소설들이 왕족, 귀족 출신의 젊고 잘생긴, 무용武勇이 출중한 영웅들을 주인공으로 내세웠던 반면에, 이 소설은 비천한 출신의 길가에 버려진 소년, 그래서 거리 한 구석에 죽어 있어도 그 어느 누구도 거들떠보지 않을, 그러한 소년을 주인공으로 삼았다. 이른바 반영웅적 주인공이다. 이것은 당시로서는 혁명적 소설 기법이었다. 이름도 신약성서에 등장하는, 부잣집 문 앞에서 구걸로 생명을 연장하는 거지 라사로의 이름에서 따왔다. 이름만 보아서도 그의 삶이 어떠했는지, 어떠할지 충분히 짐작이 간다. 자연 그의 삶은 생명의 유지를 위한 각고刻苦의 연속이었다. 의지할 것 하나 없이 차가운 세상에 버려진 소년이 온갖 고생을 다하며 먹고 살 길을 찾아가는 내용이 전반적 줄거리이다.

물론 이 소설은 윤리적이지 않다. 소년은 배고픔을 해결하기 위해 주인을 속이기도 하고 또 빵을 훔치기도 한다. 훗날 성장해서 안정적인 직업을 갖고 결혼했을 때에도, 삶의 편리함을 더 얻고자 자기 부인을 산살바도르 수석사제에게 팔아넘기기도 한다. 남자로서 가장 치욕스러운 짓을 한 것이다. 그러면서도 '그 때가 자기 인생의 최고의 해'라고 기쁜 목소리로 외친다. 이렇게 소설은 막을 내린다. 어찌 보면 이 소설은 '라사리요 데 토르메스의 타락기'라고 말할 수 있다. 배고픔으로 고생할 때는 오히려 순수함을 지켰던 라사리요가 먹고살 만해지자 타락해 버린 것이다. 그래서 이 소설이 윤리적이지 않다고 말한 것이다. 그런데 이러한 모습이 더욱더 현실감을 주는 것을 어찌하겠는가. 그것은 언제든지 이러한 일이 우리 주위에서 일어나고 있고, 일어날 수 있다는 이 작품이 가지고 있는 소설적 핍진성逼眞性 때문이다. 바로 이 점이 이 소설의 가장 큰 매력 포인트라고 말할 수 있다.

그런데 이러한 라사리요에게 돌을 던지고 비난할 수 있는 자격이 과연 우리에게 있는가? 자신이 없다. 그러기에는 라사리요가 처한 환경이 너무나도 혹독했기 때문이다. 생존의 최소한 요건인 빵 공급조차도 그에게는 힘겨운 일이었다. 살아남기 위해 그는 거짓말도 하고 빵도 훔친다. 이렇게 생존을 위해 투쟁하다 보니, 또 그 주위에 있는 가진 자들의 위선적인 모습을 너무 많이 보다 보니, 그의 양심도 메말라 가고, 급기야는 부인을 팔아넘기는 결과에 이른다. 이해할 수 있는 이야기다. 비록 윤리적으로 그래서는 안 되지만 개연성이 있다는 뜻이다.

그럼 정작 이 소설에서 비난받아야 할 사람들은 누구인가? 그 당시 사회 지도층이었던 그의 주인들이다. 특히 사랑을 가장 많이 실천해야 할 가톨릭 사제들이 가장 큰 문제였다. 라사로가 만난 주인들 중에서 이모저모로 성직과 관계된 사람들이 다섯 명이었는데 이들이 가장 큰 문제였다. 하나같이 그들의 사명과는 전혀 다른 일을 하고 있거나 세속적인 욕망을 버리지 못하고 있었다. 마세다의 신부는 지독한 구두쇠에다가 이기주의자였고,

메르세드 수도원의 수도사는 영적인 일보다는 세속적인 일에 더 분주했으며, 면죄부 포교사는 사기꾼이었고, 성당의 전속사제 역시 장사에 몰두했으며, 산살바도르 수석사제는 라사로(성장한 후의 라사리요의 이름)의 부인과 불륜관계에 있었다.

이들은 일반 대중을 이끄는 지도적 위치에 있었으나 사람 됨됨이는 라사리요와 별반 다를 게 없었다. 아니 라사리요보다 훨씬 못된 자들이었다. 작가는 바로 이들을 고발하고 있는 것이다. 세속적 욕망을 만족시키기 위해 서슴지 않고 위선적 죄를 저지르는 이들이 더 악한 자들이라는 것이다. 바로 이러한 반승려주의 요소가 종교재판이 서슬 퍼런 시절에 이 작품에서 작가의 이름을 빼앗아가 버렸다. 이처럼 작가의 칼끝은 당시 사회 지도층의 부패와 위선을 향해 있었던 것이다.

라사리요는 오히려 긍정적인 측면으로 그려진 면이 많다. 대표적인 것이 무능한 하급 귀족과 라사리요의 관계였다. 라사리요에게 인간적인 대우를 해 주었으나 무능으로 그를 또 다른 곤경(구걸)에 빠뜨린 하급 귀족과 라사리요 사이에는 항상 따뜻한 인간애가 흘렀다. 라사리요는 정성을 다하여 그를 먹여 살렸고, 하급 귀족 역시 인간적인 따스함으로 그를 대했다. 비록 경제적으로 궁핍했으나 훈훈한 사랑이 오고 간 때가 바로 이 하급 귀족과 함께한 때였다. 그래서 이 소설은 냉혹과 각박이 지배하는 차가운 소설이 아니다. 훈훈한 인간미와 현실을 부정하지 않고 담담히 받아들이는 이른바 순응주의가 보여 주는 유쾌함과 해학이 있다. 그래서 소설의 전반적 색채는 밝고 긍정적이다.

『라사리요 데 토르메스의 삶, 그의 행운과 불운』은 16세기 중반에 머물러 있는 소설이 아니다. 오늘날에도 작품이 주는 메시지가 우리 삶에 생생하게 살아나고 있고, 또 우리가 어떻게 살아가야 할지를 웅변적으로, 묵시적으로 알려 주고 있다. 그래서 이 작품을 우리는 고전으로 칭하고 있는 것이다.

2018년 11월

모악산 산자락에서

옮긴이 최낙원

한국외국어대학교 스페인어과 및 동대학원 스페인어문학과 졸업. 교육부 파견 국비유학생 자격으로 스페인 국립 마드리드대학(Universidad Complutense de Madrid)에서 「스페인 16세기 가르실라소(Garcilaso de la Vega)詩 종교적 승화과정 연구」로 문학박사 학위 취득. 한국스페인어문학회 부회장, 편집위원장, 전북대학교 인문학연구소장, 학생처장, 미국 University of Texas at Austin 방문연구교수, 한국국제교류재단 중남미 순회 강사를 역임. 주요 논문으로는 「가르실라소와 세르반테스」, 「세르반테스와 보르헤스」, 「스페인 망명시 연구」, 「세르반테스 텍스트의 메타픽션적 성격」, 「치카노 시에 나타난 정체성 연구」 등이 있고, 역서로 『춘향전』을 번역한 *La Canción de Chun-hiang*(Verbum, 2007), 황석영 『객지』를 번역한 *La Tierra Forastera*(BAJOLALUNA, 2014), 편저로 *Conexiones de la sociedad coreana y española*(Universitat Autònoma de Barcelona, 2002), 『카탈루냐어-한국어사전』(민중서림, 2007) 등이 있다. 현재 전북대학교 스페인·중남미학과 교수.

달섬 세계고전 4

라사리요 데 토르메스의 삶, 그의 행운과 불운

지은이 작자 미상
옮긴이 최낙원
펴낸이 이남호
펴낸곳 달섬

초판 1쇄 인쇄 2018. 12. 8
초판 1쇄 발행 2018. 12. 13

달섬 전라북도 전주시 완산구 어진길 32 (풍남동2가)
전화 (063) 219-5322
FAX (063) 219-5323
출판등록 2012년 8월 20일 제465-2012-000021호

저자 및 출판사의 허락 없이 이 책의 일부 또는 전부를 무단 복제·전재·발췌할 수 없습니다.
잘못된 책은 바꿔 드립니다.

값 8,000원

ISBN 979-11-6372-008-9 04870
ISBN 979-11-6372-001-0(세트) 04080

이 도서의 국립중앙도서관 출판예정도서목록(CIP)은 서지정보유통지원시스템 홈페이지(http://seoji.nl.go.kr)와 국가자료종합목록시스템(http://www.nl.go.kr/kolisnet)에서 이용하실 수 있습니다. (CIP제어번호 : CIP2018037817)

'달섬'은 전북대학교출판문화원의 임프린트입니다.